何珮瑜，姚娟 —— 著

U0081868

二十幾歲的

鬱

女

66項給奔三女性的建議，再不懂得投資自己，就等著被社會遺棄！

目錄

序
度過生命中的美好年華

第一章
妳不該被生活所奴役

第二章
青春無悔，開始規劃生命的歷程吧

第三章
不要自尋煩惱，讓快樂從「心」出發

第四章
記住，愛情不是生命的全部

第五章
別忘了享受優雅從容的人生

序
度過生命中的美好年華

什麼時候是生命當中最美好的年齡呢？電視節目拿這個問題問了很多的人。一個小女孩說：「2 個月，因為你會被抱著走，你會得到很多的愛與照顧。」

另一個小孩回答：「3 歲，因為不用去上學，你幾乎可以做所有想做的事，也可以不停地玩耍。」

一個少年說：「18 歲，因為高中畢業了，可以開車去任何想去的地方。」

一個女孩說：「16 歲，因為可以穿耳洞。」

一個年近半百的老婦人說：「20 幾歲，因為你有足夠的資本去做一切有意義的事，可以擁有很多美麗的夢想，你知道自己什麼可以做什麼不可以做。總之，你能主宰自己的命運。」

凡走過必留下痕跡。只有經歷過的人才有最正確的見解和發言權。

是啊，20 幾歲是個可以做任何事情也可以不用動腦筋的美好時光。所以，懂得在這段時間裡不應該做哪些事情就比應該做哪些事情顯得尤其重要。因為，沒有一個人可

序 / Preface

以留住時光的腳步，更無法留住青春和容貌。也許我們現在不過 20、30 幾歲，但是，我們總有一天會長到 60、70 甚至 80 幾歲。於是每個人都覺得有必要將我們 20 幾歲的時光變成萬能的年華。因而在這段時光裡任意而為地揮灑青春的資本，心比天高地徜徉在這片湛藍的天空下。後來我們才猛然發現，自己曾經做了那麼多不該做的事，犯下那麼多荒謬的過錯，甚至違背了一些人生準則。可是這一切還來得及後悔嗎？我們還可以重新踏過 20 幾歲的橋梁嗎？還能再過一次 20 幾歲的生日，許一個浪漫天真的願望嗎？既然不能，那麼我們就有必要非常清楚地知道，只有在 20 幾歲的時候懂得哪些事情不能去做，才能把省下的寶貴時間和精力花在那些重要的事情上，才不會浪費掉一生只有一次的青春。

20 幾歲，就像是童年與成年之間的夢幻島，雖然我們可以欣賞美輪美奐的沿途風景，卻很快被時間碾碎。

20 幾歲的時候，用樂觀的心態去面對未來，才能在充滿陽光的晴空下生活。

20 幾歲的時候，抓住每一次與自己擦肩而過的機會，才能讓自己的夢想趕快實現。

20 幾歲的時候，把藏在心中的愛大聲告白出來，才能與自己心儀的真命天子長相廝守。

20 幾歲的時候，珍惜口袋裡的每一分錢，才能使自己

往後的日子過得無憂。

　　……

　　如果妳還不到 20 幾歲，請千萬記得在踏入 20 幾歲的時候告誡自己，那些會破壞我們人生計畫和結局的事情不能做；如果妳已經 20 幾歲了，請捫心自問，妳正在做這些不能做的事情嗎；如果妳已經過了 20 幾歲，請以妳自己的生活閱歷提醒身邊那些尚未到或正處在 20 幾歲年齡階段的親友，有些事情最好不要去做。

　　希望這本普普通通的書、這些瑣瑣碎碎的話能讓妳不再糊里糊塗地度過 20 幾歲這段人生中最美好的年華，更衷心祝願天下所有的女人得以精彩度過 20 幾歲的生活，創造 20 幾歲以後的輝煌人生！

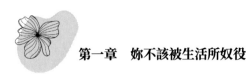

第一章　妳不該被生活所奴役

第一章
妳不該被生活所奴役

把自己當作強者，而不是弱者

在人們心目中，女人是柔弱的。「女人啊，妳的名字是弱者」，舞臺上哈姆雷特的一句臺詞成了定義女人的經典名言，但經典就是拿來顛覆的，「活出自己！」已經成了新時代最響亮的女性宣言。

在這競爭激烈、你死我活的社會中，女人面臨太多的壓力，太多的艱難，甚至太多的不幸。如果無法勇敢起來，又拿什麼為自己遮風擋雨？女人們不得不奔跑，逃避被生活淹沒的厄運。女人太需要一種力量，一種來自內心的力量來拯救自己。美麗的外表不過是一時動人，勇敢的靈魂才能被人一世傳頌。

女人，妳勇敢嗎？勇敢是靈魂最傑出的力量，當妳勇敢起來的那一刻妳就會坦然！請記住人生的岔路千萬條，腳下的僅是其中一條，即使沒能成為那個人，卻依然可以幸福地成為這個人。

那些勇敢地去做她們想做的事的人是值得讚賞的，即使有時在眾人面前出糗，她們還是灑脫地說：「哦，這沒什麼！」就是這麼一類人，她們還沒學會反拍和正拍，就勇敢地走上網球場；她們還沒學會基本舞步，就走下舞池尋找舞伴；她們甚至沒有學會屈膝或控制滑板，就站上了滑道。

不管是女人還是男人，若想改變一下自己的生活位置，總要勇敢地冒一些風險。除非妳下定決心在一個地方、一個程度

上「釘死」了。記住：永遠不要因為害怕而閉塞自己的機會，限制自己的樂趣，禁錮自己的生活。勇敢的女人才是最美麗的。

安娜讀書時網球打得不好，所以總是害怕打輸，不敢與人對打，於是至今她的球技仍然很蹩腳。安娜有一個同班同學，她的網球打得比安娜還差，但她勇敢，不怕被人打下場，越是輸越打，後來成了令人羨慕的網球手，成了大學網球代表隊員。

伊米莉只會說一點點法語，但卻毅然決然飛往法國去做一次生意旅行。雖然人們曾告誡她：巴黎人是很看不起不會講法語的人的。但她堅持在展覽館、咖啡店和愛麗舍宮用法語與每個人交談。不怕結結巴巴、不怕語塞傻笑。出糗嗎？一點也不。因為伊米莉發現，當法國人對她使用的虛擬語氣大為震驚過後，許多人都熱情地向她伸出手來，被她的「生活之樂」所感染，從她對生活的努力態度中獲得極大的樂趣。他們為伊米莉喝彩，為所有有勇氣做一切事情而不怕出糗的人歡呼，這種人還包括那些對他們來說學習新學問並不容易的人。

一位雙親連遭不測的女孩強忍淚水，選擇了笑對人生。「不是不想崩潰，不是不想痛哭。只是崩潰之後，痛苦之後，還得自己從頭收拾，現實生活中去哪裡找一個讓妳鼻涕眼淚掛滿他胸膛的男人呢？也許此刻他正煩著呢……」這位頑強的女孩把痛苦壓在心底，依然春風滿面、精力充沛地出現在上班族裡，以致於有的親朋好友都不知道她家曾發生過驚天動地之事。女孩的內心是痛苦的，她就像一棵每天都要挨一刀，每天都要縫合傷口的橡膠樹，但她用微笑不停地釋放著內心的痛苦。

王如在病倒之前是幼稚園老師，因為乳腺癌手術不成功，

左乳房被切除後癌細胞還是擴散了。雙腿血管阻塞，腫得跟象腿一樣。因為生病多年，家裡經濟不寬裕，女兒還在念國中。但是妳很難在她的臉上看到病痛的陰影。她風趣健談，還愛笑，尤其喜歡孩子和動物。附近的小孩都跟王如很好，因為她超會講故事，還會教兒歌。誰家家長有事要辦，都喜歡把孩子放在王如那裡，大家並沒有把她當作病人。王如每天都會變著花樣做好吃的給丈夫，為女兒準備早餐，餵她養的兩隻貓，像一個平凡的家庭主婦。但實際上王如的病情已經惡化，現在下樓都吃力。她說：「不能太把病當一回事，否則躺在床上豈不是更難受？要是我倒下了，丈夫、孩子該怎麼辦？」

一位被丈夫拋棄而割腕的女人，她最終選擇了勇敢面對自己「淋漓」的傷口。「從絕望中醒來，看見灑在床前的陽光，我的心忽然就亮了，他值得我這樣嗎？不值得。從那一刻起，我覺得自己重新活了一次……」這位堅強的母親，化淚水為力量，用全身心的母愛去愛著女兒，將日子過得有滋有味。她的內心是痛苦的，但她用勇敢、自信找到了讓痛苦流淌的出口。

小 S 是一個大大咧咧，口無遮攔，敢愛敢恨的女人。她從來不在乎別人怎麼說她，是誇她還是罵她，是喜歡她還是討厭她，她通通都無所謂，她就是要做她自己。她可以勇敢地說：「從我有記憶以來，我就認為自己很漂亮，即使有那麼多人說我姐比較漂亮，我也完全不把她當一回事，我很全心地投入在自己是美女的世界裡。」有多少人能夠在自己還是醜小鴨，在自己最不美麗、最自卑的時候，說出這樣的話，在姐姐光環的襯托下依舊能如此自信。她的勇氣還表現在愛情上，這些年來，她

在感情上受到許多傷害，可她偏偏是那種無論多痛都不會留下陰影的人，失去一段再找一段，直到現在浪漫王子的出現，他儒雅、體貼，是個能給她安全感的男人，一段從倒追開始的愛情竟然成功開花結果。在愛裡太考慮面子的人是最難得到幸福的。她成功了，又一次因為她的勇敢。當他捧著大束的玫瑰和鑽戒跪地求婚時，她哭了，像個在愛裡迷路的孩子終於找到回家的路。

對勇敢的女人來說，她們的命運始終掌握在自己手裡。女人是偉大的、勇敢的、寬厚的，女人因勇敢而自信，也因勇敢而美麗！

世上本無事，庸人自擾之

人們在生活中，難免有一些苦惱煩悶的事情，有些煩惱來自外界，必須正視；有些困擾則源於內心，這就是所謂的「自尋煩惱」。

「我為什麼這麼倒楣呀，這日子可怎麼過啊！」「為什麼別人活得輕鬆，我卻這麼累？」「我們家的孩子怎麼這麼不爭氣？」諸如此類的抱怨每天都在響起。本來有這樣的想法也很正常，人們往往對美好的事物和幸福的生活有著本能的追求和嚮往，這也正是生活的動力和源泉，人類因此而不斷努力，不斷進取，獲得更多的財富、更大的幸福。

同時，人類的情感也是極其脆弱的，每個人的心理空間都

是有限的，超出了心理承受範圍，煩惱自然會產生。很多的煩惱其實來源於人類本身，貪求人生的快樂與完美，自然也會承受更多的壓力。也就是說，人們一邊深惡痛絕地討厭煩惱，一邊又在情不自禁地自尋煩惱。

工作可能會不如意，但是有更多的人還在為沒有工作而煩惱，既然必須要工作，為什麼不帶著一顆快樂的心去面對？

手裡的錢也許還太少，但是有房子居住、有衣服避寒、有食物填飽肚子，還有什麼不滿足的？腰纏萬貫的富翁們並非就完全沒有煩惱，在衣食住行之外，他們還得每天提心吊膽如何保住手裡的財富。幸福其實與財富並沒有多大的關係。

用心體會愛人的細心關懷，幫助孩子在人生的道路上一步步前進，有空與老朋友聊聊天，出去旅行、幫助別人，這些都是生活中最平凡而真實的快樂。試想一下，健康的身體，健全的人格，這些都應該是人生最寶貴的財富，憑藉自己的雙手，日子將會一天比一天好，為什麼要把生命浪費在自尋煩惱上呢？

每個人都有七情六欲，煩惱也是人之常情，誰都無法避免。可是一個浮躁的人往往樂於自尋煩惱，天下本無事，庸人自擾之，感性而脆弱的人往往是生活中愛自尋煩惱的主角。

諱疾忌醫的人最愛自尋煩惱。很多的問題常在初露端倪時就能被發現，但很多人會優柔寡斷或是自欺欺人，不肯去正視問題，積極尋找解決問題的辦法，而是一味逃避拖延，非得等到潰爛化膿、病入膏肓之時，才追悔莫及。

沒有自信的人最愛自尋煩惱。每個人的心底都會有自卑的

因素，因為沒有人是十全十美的，覺察到自己不如別人的時候常會產生自卑心理，但人絕對不能缺乏自信。別人竊竊私語時無意地看妳一眼，就在心中猜測是否在背後講自己的壞話；某個人不喜歡妳，就把所有的責任歸罪於自己；犯了一點小錯誤就驚慌失措，一遍又一遍地道歉，自怨自艾……常常會憂鬱成疾，讓可有可無的煩惱毀掉生活中所有的快樂。

小心眼的人最愛自尋煩惱，性格太過敏感細膩的人，眼裡常常只會看到生活裡悲觀消極的一面，易犯小心眼的毛病，常常會執著於生活對自己的不公平，別人對自己的不友善，他們的煩惱是最多的，因為他們不僅喜歡尋找煩惱，還喜歡親手製造煩惱。

「事後諸葛」最愛自尋煩惱。有好多事情發生就發生了，犯了錯誤應該馬上去彌補，讓損失降到最低，而只有那些「事後諸葛」們，才會嚷嚷：「我早就知道會這樣」，然後一個勁地後悔：「早知道……」既耽誤修正錯誤的時機，又會讓事態繼續惡化，讓煩惱增加。

以殉難者自居的人最愛自尋煩惱。常常一邊做家事，一邊向家人抱怨：「沒有一個人真正心疼我，對我們家來說，我不過是個僕人而已。」請保姆他捨不得花錢，不做家事又無法忍受髒亂，但是不停地抱怨除了讓自己心情惡劣之外，還會讓周圍的人心生反感，吃力不討好。

人生幸福快樂的程度完全取決於個人對待煩惱的態度，其實生活賦予所有人的都是一樣的，天性樂觀積極的人常會看到事情的光明面，並善於淡化煩惱，所以活得輕鬆，活得瀟灑；

而性格悲觀、多愁善感的人卻常自尋煩惱，凡事都看陰暗面，一旦有了煩惱，憂愁萬千，牽腸掛肚，剪不斷，理還亂，活得心力交瘁。

「菩提本非樹，明鏡亦非臺，本來無一物，何處惹塵埃？」佛偈提醒我們，很多煩惱也許本就不存在，純粹是自己招惹而來的。當然，人生在世，想要完全避免煩惱，恐怕只有清心寡欲、超凡脫俗的聖人才能做到，紅塵中的凡夫俗子們，還是免不了煩惱，聰明的人，則善於淡化煩惱，化解煩惱。

換個角度來看待問題。俗話說，當局者迷，旁觀者清，煩惱之事也往往如此。置身煩惱之中的人，往往看不清事情的前因後果，甚至因此而「鑽牛角尖」，或者是一團亂麻，無法控制自己的情緒，拚命壓抑自己不去想只會適得其反。這個時候，找一位心胸開闊、性格開朗的人傾訴心中的煩惱，尋求解決的辦法。旁觀者的勸導，往往可以達到指點迷津的作用。如果相信自己的能力，也可以試著讓自己跳出事情之外，做自己的旁觀者，試著開解自己。畢竟很多時候求人不如求己，學會自我開解的方法能夠讓人度過很多人生中的難關。

煩惱就像天空上的一片烏雲，如果心中是一片晴空，那麼煩惱不會產生絲毫的壞影響。

迷信只是生活中的遊戲

迷信者的字典裡有一種數字，而且把數字分為兩類，並左

右著自己的行為。一類是幸運數字，另一類是不吉利的數字。儘管方式不同，但無論東西方文化，都在人的心中滋生了這種心理。

美國字典把迷信定義為：「一種不合理的信條，認為和某個事件不相關的事情可以影響這個事件的結果。」對偶發事件，迷信的人常常做出一些臆斷的解釋。例如，有人覺得他今天不順利，是因為上午穿了一件晦氣的衣服；有人找到了一份滿意的工作，就以為是他在面試的路上，偶然看到了他的幸運數字。

華人迷信「8」，通「發」，可以帶來財運。亞洲許多國家都忌諱「4」，因為四諧音「死」，為不祥的徵兆。至於「14」、「24」等，也是不碰得好。誰會喜歡自己的門牌號碼是「1414」？「9413」，有人把它破解為「九死一生」。在美國、加拿大和英國，來自亞洲的新移民們則要花上幾百美元去換掉這些「不吉利」的數字。在廣東話裡，「BMW 528e」意味著「不易發財」，「Volvo 240」則是「容易死」，如果要「化險為夷」，有「154」，「一定不死」；「148」，「死也要發」；「818」，「發了還要發」。有些地方講究結婚要找雙數，如挑選某月的「22 日」最好。

西方人最忌諱的數字是「13」，有一個詞叫「十三恐懼症」就是用來形容這種心態的。有人甚至忌諱「49」，因為 4 加 9 等於 13，在 49 歲那一年就要特別小心了。現代西方人對 13 的恐懼部分來自於 1899 年 11 月 13 日，一個 67 歲的紐約男子遭遇車禍身亡，而年齡的 6 加 7 又剛好等於 13。

「13 日」配上星期五則是雙重的不吉利。這一天，為了趨吉避凶，愛爾蘭人可能會找一束白花三葉草放在帽子裡，蘇格蘭

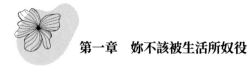

人則可能選擇石楠花。究其原因，流行的說法可以源自《聖經》「最後的晚餐」。因為這頓晚餐是在星期四舉行的，有耶穌和他的十二個門徒，接著耶穌在星期五受難。座位 13 的自然是那個出賣耶穌的猶大。在一年裡，「13 日」搭配星期五至少有一次，最多有三次。

其他諸如此類的西方迷信還有幸運數字「3」，代表一個完美的三角形；避開黑貓，中世紀人們認為黑貓是巫師的化身；撒鹽可以避邪；破鏡子可能帶來不好的運氣；在梯子底下穿過會引魔鬼入室；在家裡撐傘可以帶來好運等等。

迷信既有普遍流行的社會迷信，如上面提到的「8」和「13」；也有群體迷信，譬如在《紅樓夢》中的賈府裡，上上下下對「通靈寶玉」的迷信，認為它是賈寶玉的「命根子」，而且還是「配對」的寶貝；另外就是由個人經驗得來的個人迷信，如個人的幸運數字、幸運衫和護身符等等。

1997 年 4 月 14 日《波士頓環球報》上的一篇文章〈好運看數字：香港金錢和迷信的結合〉介紹：為了獲得一個編號為「77」的牌照，有人在拍賣市場上出價高達 45,769 美元。買主認為，「77」是他的幸運數字。他上次使用的「FF77」牌照讓他發大財，因此這次他一定要買到這個「BB77」牌照。還有人的幸運數字是「9」，出價 1.7 萬美元；還有人的幸運數字是「2」，出價 1.2 萬美元；還有人叫賣「932」的。從 1973 年到 1996 年，香港政府透過出售這類牌照（一塊普通鐵板），就募集了六千五百萬美元給慈善機構。

求好命，是人生的一種願望。算命原本是一種迷信活動，

但許多人之所以趨之若鶩，就在於他們的心理需求能因此得到滿足。以迷信來說，由於長期封建迷信的心理暗示作用，人們辨別不清算命先生話語中的許多不確定意義。「左右逢源」的語言本質，往往使人將自身發生的一些事主動地「對號入座」，對算命的神祕色彩篤信不疑，遇事求仙算命，以求得一些心理的慰藉或平衡。像有些人屢獲機遇，平步青雲，局外人不明就裡，就認為命好；若屢經坎坷，就認為命相不佳，唉聲嘆氣。因此遇到事情就想從算命先生那亦虛亦實的話語中尋求精神支柱。

算命的魅力在於預測未來，儘管這種預測缺乏科學依據，可是由於算命的話，帶有不確定性，往往給人留下回味和暗示的餘地，這就使人產生一種相信算命的心理暗示。其實，真正解開心理壓力的，還是科學的心理測試和諮商，才能使妳準確地認識自己，更好地掌握自己的未來。

李某，女，21歲，待業中，多次聚眾參與封建迷信活動。李某的父母沒讀過什麼書，非常相信命運，說今生的貧窮都是上天注定的，還請算命先生幫她算命。後來她從算命書上了解到，人都有四柱八字，四柱就是年柱、月柱、日柱、時柱，每柱都有一定的天干地支，把每個人出生年份的干支、月的干支、日的干支、時的干支湊成八個字，就是八字。根據八字可以推算人一生的命運，每個人的命運在出生時就決定了。本來她也不相信，但在18歲那年，她身患痼疾，學測落榜，又加上失戀，到廟裡去求籤，請人解籤，居然真的每條都說中了。從那以後她就相信了這世上有神靈。

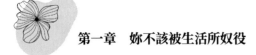

　　李某是由病態的社會環境與生活挫折導致其產生了迷信心理，表現為輕信妄言、受騙上當，相信人的旦夕禍福是命中注定的。

　　如何避免像李某這樣被迷信禁錮自己的生活呢？

1. 認真學習科學文化知識，不斷提升自身文化素養。無知是迷信的基礎，科學是戰勝迷信的有力武器。要解除迷信，首先就要以科學的知識武裝自己，知識能幫助人戰勝愚昧，由自發走向自覺。

2. 培養自身健康向上的業餘愛好。例如體育鍛鍊、跳交際舞、釣魚、下棋、彈琴、書法等。

3. 多與人交流，多參加活動。多數人的迷信心理都是在經歷挫折後產生的。例如身患重病、事業失敗、婚戀不順等。這時人們在心理上都需要支持和幫助，而廣泛的社會交往能夠使人迅速地找到心理支持，並得到慰藉。如果問題嚴重，不妨諮詢專業的心理醫生，獲得心理幫助或者心理治療。

知足，讓生命之舟輕靈

　　也許人類最大的缺點，便是貪心。生活中總有那麼一些人喜歡羨慕別人的生活，總愛抱怨自己對生活的不滿。有一些愛苦惱的女性，看到別人比自己長得漂亮，看到別人的男友穿名牌、開名車，看到別人的孩子聽話又聰明，便開始長吁短嘆，

整日愁眉苦臉，沒有開心的時候。她忽略了自己所擁有的一切，健康的身體、和睦的家庭、安定的工作、知心的朋友等，而這些也許正是別人夢寐以求的。

人，不應該去強求不屬於自己的東西。得不到未嘗不是一種缺憾美。它會使妳永遠擁有希望和信心，從而努力不懈地去追求。而終日停留在抱怨哀嘆中，只是浪費生命、虛度光陰，毫無意義。

生活，帶給我們很多歡笑、很多快樂，我們應該感激生活！我們應該知足，身體是健康的，我們就已經擁有了人生中的第一筆財富，那些躺在醫院裡的病人是多麼羨慕能在陽光清風下徜徉的我們啊！我們同樣應該知足，家庭是幸福美滿的，這也是上天賜予我們最大的恩惠，有關心和支持我們的親人，使我們知道世界上有一個溫暖的地方永遠為我們敞開大門——那就是家！我們應該知足，無論在世界哪個角落，總有二三知己為伴，即使只是一條鼓勵的訊息，也能夠使我們鬥志重生，投入新的人生挑戰中。

所以，我們不必感嘆別人的富裕，嫉妒別人的權勢，因為我們的生命中也有很多讓別人羨慕的精彩。拋開那些無止境的欲望吧，它只會令人徒增煩惱。只有當妳知道自己幸福的時候，妳才是真正幸福的人。

懂得知足，肉體的痛苦便顯得微不足道，永遠無法抹殺精神的快樂。知足的心不會在命運陰霾的籠罩下窒息，反而會永遠生機勃勃。

知足是靈魂的滋養，知足是幸福的前提。

做一個知足的人需要勇氣，需要耐性，更需要智慧。每一個懂得知足的人，都可以把平淡生活過得豐富多彩，都可以找到隱藏在細節中的美好與快樂。

畢竟，在這個五光十色的物質世界裡，有太多東西蒙蔽了我們的雙眼。欲望是無止境的，就像一條鎖鏈，一個牽著一個，永遠都無法滿足。

生命之舟載不動太多的物欲和虛榮，在抵達彼岸時要學會輕載。不知足的人不僅僅是那些惟利是圖、貪得無厭的人，也包括那些過於看重人的成敗、榮辱、禍福、得失，妄想獲得最大效益而後快的人們。

生活有時就像上帝設下的圈套，愚蠢的人們會為了滿足自己的欲望奮不顧身地向裡面跳，而聰明人往往會控制自己的欲望，珍惜自己所擁有的，再尋求新的發展。可是許多人都想不到這一點，常常身陷泥沼而不自覺，常常守著幸福而不知幸福，常常望著世界而不明就裡，常常疲於奔波而迷失自我。為了填滿自己永無止境的欲望深淵而竭盡全力地追求著，當他們完成一個夢想後，又會有下一個目標，直到死亡為止。他們應該感到惋惜，因為他們為了欲望而放棄了許多他們應該好好珍惜的東西，到最後也感受不到什麼是幸福，白白勞碌了一生。

他們所缺少的，其實只是一顆知足的心。

知足就意味著淡泊名利，超越塵世的俗欲而得到心靈的寧靜。它不是消極、無奈的心態；不是像古人那般隱居一隅或浪跡江湖，醉溪水臥竹林，覓一世外桃源不問世事；或是墮入空門，悟禪機，遠離世間。知足並不代表從此淡出人生舞臺。

　　知足不代表沒有煩惱、矛盾、痛苦和追求，不是躲避、也不是安於現狀的停滯不前。知足是一種積極向上地對待人生得失、心平氣和地對待不幸和快樂，做到寵辱不驚。

　　「達則兼濟天下，窮則獨善其身」，知足是一種了不起的，不為世俗、名利所動的境界。我們可以積極地進取和探求，但是內心深處，一定為自己保留一份超脫，做到知足者常樂。

　　只有甘於平凡知足，才能笑對得失禍福，才能冷靜客觀地面對現實，正確地認識自己、審視自己，尋找自己生活、事業的最佳態度。否則，不求實際，一味地沉浸在欲望的漩渦中，只會將自己淹沒。

　　如果懂得知足的幸福，妳就會在達成自己的一個夢想後停下來。先好好感受這過程中的苦與累、驚與喜，看清楚這過程中曾給予自己關懷的人們，然後以感激的心來報答他們對自己的這一份恩情。在這過程中妳會明白什麼才是妳真正所需要的，什麼是知足的幸福，而不是一些可以棄之如糞土的盲目追求。

成為金錢的主人

　　一個人如果總是在金錢的欲望世界裡徜徉、徘徊，那麼離成為金錢的奴隸也只有一步之遙了。這樣的人一旦身處逆境，不是靠別人的施捨度日，就是靠給貧民的救濟生存。如果他很有能力，他也會把自己的眼光放在賺取錢財上，卻很容易失去

做事業、謀發展的機會。因此，我們對待金錢必須有個正確的態度。

「金錢」，人類永恆的話題。它魅力無窮，有時如高貴的天使，帶來榮耀、地位、幸福的生活，甚至至真至純的愛情也難免會摻入一絲它的色彩。愛它的人，往往難以自拔，一生孜孜以求，渴望它的青睞。但有時它也會如魔鬼般露出猙獰的嘴臉。為了它，夫妻反目；為了它，兄弟成仇。它使人迷失了善良、真誠的本性，卻將骨子裡的貪婪、醜惡暴露無遺。

錢對人來說，是滿足物質和文化生活需求必不可少的，而且是非常重要和極有用處的。錢是寶貴的，人要生存不能沒有錢。於是，「有什麼別有病，沒什麼別沒錢」似乎成為至理名言。

就像一位名人曾說過的：「錢是好僕人，也是壞主人。」如果被金錢主宰了生命，淪為金錢的奴隸，就會失去許多人生中本該擁有的美好事物。金錢不等於幸福，生命、健康、親情、愛情、友誼等許多彌足珍貴的東西是再多的金錢也買不到的，那些為了金錢來到妳身邊的人只會帶給妳變質的愛情、友情，一旦金錢變少或沒有了，這種變質的感情也會立刻煙消雲散。

我們所要做的是正視金錢，不要任其控制而喪失自我。幸福生活的前提是要滿足精神需求，心靈的空虛是金錢無法彌補的。心靈飽滿充裕，那份幸福是很多一擲千金的人無法體會的。一朵帶露的林中野花要比一束昂貴的香水百合美得更自然清新；一頓親手烹製的簡便晚餐要比一桌山珍海味的豪宴更有滋有味。只要妳的心樂觀、豁達，只要妳深諳生活的真意，自會找到比金錢更加珍貴的東西。

女人的心，總是溫柔細膩的，沒有野心、貪婪，使她們在金錢面前，常能保持清醒的頭腦，在人生選擇上表現出高貴的道德品格。古往今來，有多少優秀女子譜出一首首不為金錢所動的頌歌。

當然，我們並不是想證明「金錢是萬惡之源」，金錢本身並無罪過，只要善加利用，便能讓它成為妳的好僕人。

精明的人會賺錢，取之有道，不會妄想天上掉下餡餅的美事，不會幻想什麼不義之財，而是用辛勤的努力、聰明的頭腦去累積財富。

精明的人也會花錢。享受生活就是他們對自己辛苦工作的犒賞。美容、購物、旅行、健身、派對……他們不做愚蠢的守財奴，善用每一分錢，提高自己的生活品質，更好地善待自己，這才是人生最得意的追求。

俄羅斯撐竿跳名將伊辛巴耶娃是個出了名的「拜金女」。她1公分1公分地刷新世界紀錄，在媒體鄙夷的目光中不斷累積豐厚的獎金。每1公分都能為她帶來5萬美元的破紀錄獎。而且據說她在訓練中早已跳過5公尺大關，至少還能再拿十幾個5萬美元。

對她的這種「行徑」，不少人嗤之以鼻。而她卻滿不在乎地說：「我可不想讓自己太累，慢慢破紀錄不是挺好的嗎？至少我參加比賽的每一站，觀眾都不會失望而歸。」

「錢景」激勵著她更加刻苦訓練，越跳越高，為了更好地訓練，她不允許任何活動打亂她的日程，因而拒絕了很多廣告商和贊助商，她放棄了輕鬆賺錢的機會，把賺錢的目標始終集中

在田徑場上，她的財富是靠汗水和努力換來的。

她始終駕馭著金錢，不曾迷失自我。

她已經累積了豐厚的財富，卻並不想做個守財奴，她為自己添購了幾款名車，賓士、寶馬……她也喜歡漂亮的時裝、鞋子。用自己的辛苦所得打扮自己，她快樂地享受著生活。

她是「拜金女」，但更是金錢的主人。

金錢，財富的象徵，它是寶貴的，但絕不是萬能的。金錢能夠改善我們的生活條件，能夠從一定意義上裝飾人，是人生幸福的重要條件。但它不是衡量人生價值的唯一標準。貪汙受賄、中飽私囊、出賣靈魂、巧取豪奪都是金錢在扭曲人們的心靈，異化人們的思想，讓人們把自己的思想、情感、志向、名譽、地位等都與金錢掛鉤，一切是非善惡、榮辱得失都以能否獲得金錢為標準，最終往往以身敗名裂、鋃鐺入獄告終。這樣的人生何其可悲。

金錢並不意味著一切，金錢不是人生的全部內容。人生的追求是多方面的，物質生活的富足固然重要，而崇高的理想、事業的成功、幸福的家庭、真摯的友誼、歡愉的精神以及健康的體魄是人生更高尚的追求。

做金錢的主人，潔身自愛，用合法的方式去賺錢，用理智的頭腦去支配金錢，樹立正確的金錢觀。

不要做工作狂

西方有一句俗語：「工作可以使一個人高貴，但也可能把他變成禽獸。」

我們生活在一個壓力極大的社會環境中，我們拚命地工作，是為了生活。但實際上，不管我們有意或無意、主動或被動，工作幾乎成為生活的唯一內容和支柱。一旦失去工作，我們不僅會在物質上垮掉，同時也會在精神上崩潰。而在工作中，由於各種原因，又會使我們時時感受難以解脫的束縛，遭遇無法避免的挫折，從而體驗到深刻的無力感與無奈。

既想在工作上做出一番令人刮目相看的成就，又想過著自在愜意的生活。可是，結果總是兩邊不討好，往往得到了這個，就得失去那個，很多人的現狀都是這樣的。為什麼會如此呢？很可能是因為把工作與生活混為一談。其實，工作就是工作，生活就是生活，如果錯把謀生的工具當成人生的目標，而且太把它當成一回事，就會把自己弄得一團糟。

根據調查，一般工人的生活是不平衡的，從商者更是。許多上班族一星期工作的時間都超過規定的 40 小時。經常拚命工作的人就是工作狂，過度追求盡善盡美、強迫自己、沉迷工作是工作狂的心理特徵。20 幾歲的我們應該善於掌握工作與生活的平衡，處理好工作壓力與享受生活之間的矛盾。讀恐怖小說，在花園中工作，躺在吊床上做白日夢，都可以提高工作效率。

　　工作不是生活的唯一目的，如果想成為不為工作所苦的人，不妨試著少點工作，多點遊戲。生活中一定數量的休閒能夠增加妳的財富，當然，這裡主要是指精神上的財富。如果妳在休閒上花費更多時間，或許最終妳也會增加經濟收入。

　　在休閒時間裡培養更多的興趣愛好有許多好處。工作之餘的興趣愛好有助於在工作中有所創新。當妳追求休閒生活時，妳的精神會從跟工作有關的問題中解脫出來，從而得到休息。

　　妳會因此關注工作以外的事情，會變得更富有創造力，能為企業提供一些有創造性的新點子。很多富有創造性的成就往往是在恍神或胡思亂想中誕生的。

　　工作狂很多都是因為沒有掌握好工作與生活的平衡所致。工作狂常常因為工作而損害自己的健康，丟掉了健康的目的。

　　工作狂習慣連續工作好幾十個小時不休息。工作狂雖然拚命工作，但成績有限，考慮到這一點，可以說事實上他們大多缺乏能力。實際上，許多工作狂都被解僱了。

　　沉迷於工作是一種很嚴重的疾病，如果不及時治療，會導致心理和生理上的問題。一些調查研究顯示，受人尊敬的工作狂在感情有缺陷。工作狂對工作的著迷導致他們患有潰瘍、背部疾病、失眠、憂鬱症和心臟病，許多人甚至因此而早亡。高效能人士能夠享受工作和娛樂，所以他們是最有效率的。如果需要，他們可能會連續工作一兩個星期。然而，如果僅僅是例行公事的工作，他們可能會懶得做。對於和諧工作者來說，人生的成功並不局限在辦公室內。要做一個有著平衡生活方式的和諧工作者，就意味著是工作在為妳服務，而不是妳為工作服

務。有生活和工作計畫建議，想要有平衡的生活方式，就必須滿足生活中的六個領域。這六個領域是：智商、身體健康、家庭、社會、精神追求和經濟狀況。

1. 工作狂診斷測試

（以下答案「是」越多，則危險係數越高）

1. 對工作的狂熱和興奮程度，超過家庭和其他事情。
2. 工作有時有酬勞，有時沒有。
3. 將工作帶回家。
4. 最感興趣的活動和話題是工作。
5. 家人和友人已不再期望妳準時出現。
6. 額外工作的理由，是擔心無人能夠替妳完成。
7. 無法容忍別人將工作以外的事情排在第一位。
8. 害怕如果不努力工作，就會失業或成為失敗者。
9. 別人要求妳放下手頭工作，先做其他事，妳會被激怒。
10. 因工作而損害與家人的關係。

2. 病因分析

工作狂的病因主要有以下三種：

1. 真正熱愛工作或金錢，不以為苦，反以為樂，樂此不疲，激情不減。
2. 未能營造起真正屬於自己的生活。這樣的人，內心焦慮、無愛、無寄託，或因家人不在身邊，或生活單調乏味，只有同事沒有朋友，不得不從工作中尋找樂趣，缺少與工作

徹底無關只為愉悅身心的興趣愛好。

3. 把工作當成逃避手段。這樣的人，電視劇中常見，在生活中有某種苦惱、不滿或自卑，為了逃避或者忘卻這些令人傷感的事，只好瘋狂地投入工作，藉由工作忘記煩惱憂愁。譬如，剛剛失戀之人就容易成為工作狂。

3. 處方

工作狂主要是由於工作壓力過重或者內心成就動機過強，與個人能力脫節所致，除了前幾節介紹的一些應對措施之外，下面專門為妳列舉一些處方，幫妳擺脫或者避免淪為工作狂。

- ◆ **處方一**：認識對位──工作不是生活的全部。
- ◆ **處方二**：時間充裕──讓自己從容完成工作。
- ◆ **處方三**：適當遊戲──人非機器，要避免不停工作。
- ◆ **處方四**：鬆弛練習──了解自己身體的壓力反應（如心跳、頭痛、出風疹等），盡量鬆弛。
- ◆ **處方五**：向外求援──相信他人，避免孤軍奮戰。
- ◆ **處方六**：寬容自己──追求完美，但又不為完美所累。

只有工作與生活都成功，才算是真正的成功。假如只是事業成功而沒有好好享受生活，就不可能幸福。而假如事業失敗，生活又沒有著落，也不可能幸福。工作和生活是紙鈔的正反兩面，只有合而為一，幸福和成功才算真正實現。

不要活在煩惱中無法自拔

「有生活，就有煩惱。」這句平常的話，告訴我們：沒有人一生都一帆風順，人人都有煩惱，那種沒有煩惱的生活只是人們的幻想而已。

每個人都有自己的問題，或許妳認為自己只要有一份工作就能解決妳所有的問題。而事實上，所有的就業者都有他們自己的煩惱。許多人只是為了謀生而工作，他們上班時無精打采；他們抱怨每天必須一大早起來，趕路上班，然後工作 8 小時甚至更久；他們把所有的注意力都集中在工作中不愉快的事情上去了。他們厭惡工作，但又不得不為了生活而工作。

有些人認為如果自己當了老闆可能就不會有這麼多的問題發生了，他們認為自己之所以出現這種情況完全是因為他們在工作中要不斷地向老闆匯報。如果自己成為老闆的話，那麼他的工作會很順利，自己的才能也會盡可能地發揮。這樣一來，根本就不會有什麼問題發生了。但是如果真的成為老闆的話，就會發現，老闆的煩惱比員工的煩惱多很多。因為他們必須解決勞資問題，想辦法激勵士氣以提高工作效率。總之，無論是老闆還是員工，人人都會產生煩惱。

還有人認為，退休就好了，不用做任何工作，還可以按照自己的喜好安排時間，每天晒晒太陽，靠退休金度過舒適悠閒的生活，這樣就不會有什麼問題了。然而事實並非如此，很多退休的人因為無法工作，認為自己沒用而變得非常沮喪。他們

希望自己恢復工作好打發那些無聊的時光。

　　成功人士有成功人士的煩惱，而那些沒有進取心的人照樣也有他們自己的煩惱，面對生活他們同樣也有難題。他們缺乏熱忱，對一切失去興趣，因此他們會因為缺少活動而感到生活無聊。而這些人往往就是以逃避來解決問題，他們不知道逃避只會給他們帶來更多的問題。

　　煩惱這個敵人是無處不在的。

　　女性的心思是細膩的，想的事情也多。因而更容易被煩惱這個冷面殺手折磨得遍體鱗傷。她們很容易煩惱，而這些煩惱勢必產生心理疲勞，甚至發展為心理疾病。

　　有些女性之所以感到生活勞累，整日無精打采，有的甚至未老先衰，就是因為習慣將一些事情懸掛在心裡放不下來，結果在心裡刻上一條又一條「皺紋」，把人折磨得疲勞又衰老。

　　其實大可不必這樣，人生不如意十有八九，只要想得開，就沒有什麼放不下的事情。

　　脆弱的人為情煩惱。情絲糾纏，患得患失，愁腸百轉。如果能擺正自己的立場，盡情享受情愛的滋潤，不讓自己陷入感情的糾葛，心情肯定會輕鬆不少。

　　虛榮的女性為利煩惱。功名利祿只是身外之物，有失必有得。女性對於浮華的追逐不應太過執著，放開胸懷，少去索取，多多付出，便不會終日停留在鬱悶焦躁中。

　　所有女性都會面臨各式各樣的煩惱，但有些女性卻總是滿面春風，看上去似乎事事如願。原因很簡單，有煩惱也不要總去想它，盡量忘記它，不給自己任何機會去煩惱，不讓自己

的心有機會獨處。過一陣子，煩惱就會淡去，達到釋放自己的目的。

煩惱是心靈的垃圾，是成功的絆腳石，是快樂生活的病毒。但妳可以讓煩惱遠離自己的心靈，把它掛在「煩惱樹」上，這棵樹可以是無形的，栽在心田一角；可以是有形的，像故事中的這棵「煩惱樹」；可以是在電話裡向至交好友的一番盡情的傾訴；可以是日記本中一場自由的宣洩。

把煩惱交出去，它就不會在心裡堆積、發黴，長出情緒的毒瘤。

為了盡快擺脫煩惱，還可以採用轉移視線的方法，集中精力在其他的興趣上，盡可能撇開不愉快的思路，去想其他的事情。

比如，利用運動來忘掉不如意最為有效，它能使身體舒暢，具有安定心理的效果。

比如，大聲喊叫。假日和友人到海邊或空曠的山上，以大喊發洩內心的不滿。

比如，倒立兩三分鐘，可以使心境平靜下來。對外界的事物不妨和倒立的身體一樣反過來看，盡量想想高興的事。

比如，改變常走的道路。每天走同一條路上班的人，不妨改變一下路線，產生新的刺激，心情自然舒暢。

比如，吃東西。不妨到餐館飽餐一頓，或在家中大吃特吃一番。因為肚子吃飽了，思考力就會下降，不想動，也較容易入睡。

比如，改變服飾。喜歡保守打扮的人，不妨改變造型，穿與以前不同的衣服，心情也就會跟著好起來。

比如，另交朋友。失戀後，許多知道此事的朋友，一見面就會表現出同情，因此交些工作性質不同的、興趣不同的朋友，在不同的感受下，或許心情會自然改變。

比如，盡可能全心地投入工作，讓自己忙碌起來，使腦子被占得滿滿的。早上起來後快速地沖一個澡。早上人的精神狀態特別好，洗完澡神清氣爽，又恢復了鬥志。而夜晚，就把所有的煩惱都帶到夢中。因為累了一天，睡起來特別香，就算情不自禁會去想點什麼，理智也會阻止自己，因為要為明天的工作儲存體力，現在不睡，明天就不會有好精神了。這樣一來，自然而然就不會去想那些煩惱了。

夕陽如金，皎月如銀，人生的幸福和快樂尚且享受不完，哪裡還有時間去煩惱呢？

學會排解煩惱，是高 EQ 的一大表現。盡量做到不煩惱、少煩惱，思想開朗，心胸開闊，寬宏大量，寬厚待人，謙虛處世。這樣不僅有益於身心健康，也利於提高自己的道德修養和思想水平，於人於己皆有益而無害。

當然，這還需要有一顆包容的心，事事寬大為懷。寬容是一種修養，也是一種風度。以海納百川的胸襟寬以待人，才能讓自己心態平和，心胸開闊，心裡永遠充滿陽光。

對待自己容易波動的情緒，冷靜是根本。遇到不如意的事，盡量透過其他途徑解決，心急煩惱不光於事無補，反而對自己有害，何苦呢？

　　還是讓我們以平和的心境來對待生活中繁雜的事情吧，小心別傷害了自己，只有健康才是生活的本錢。有了無法避免的煩惱，學著適當地釋放它，不要自我封閉。要學會適時宣洩，宣洩是一種排解負面情緒的有效方法。找朋友傾訴或是乾脆痛快地哭一場。我們應寬解自己，快樂地過好每一天。

　　有時為了緩和四處蔓延的緊張氣氛，我們應該降低生活的步調，使心情回復平靜，不再焦慮暴躁，保持穩定與和諧。

　　印度詩人泰戈爾曾說：「世界上的事情最好是一笑了之，不必用眼淚去沖洗。」要學會放下憂愁，放下煩惱，放下就是快樂，能放下就是幸福的。

　　「寵辱不驚看庭前花開花落，去留無意望天上雲卷雲舒。」放下是一種大氣，是一種境界，懂得放下的人，氣質格外不同。

留戀過去多感傷

　　古人用「舉頭望明月，低頭思故鄉」、「月是故鄉明」等詩句來表達對故鄉、故人的思念之情，對故土的思念能夠激發人們心中的愛國情懷。但是在社會中有一些人是以另一種方式懷舊，他們認定今不如昔，生活在今天，而志趣卻滯留在昨日，一言一行與現實生活格格不入，這種懷舊心理似乎不再僅僅是懷舊而已了。

　　懷舊心理的產生有社會原因，也有主觀因素。從社會原因來看，由於社會各方面不斷改革變化，一部分社會地位與經濟

利益受到衝擊的人，極易產生失落感，但又無能為力，只能透過懷舊的方式來表達對現實的遺憾。隨著現代文明和大都市大規模的崛起，原有的生活環境在無情地瓦解。大城市裡的人們告別了四合院、巷弄，但又被困在鋼筋水泥的框架中；在鄉村，詩篇一樣的田野不斷被公路、鐵路吞噬，工業汙染了大地；網路使世界和人們接近，卻又使人們的心靈彼此疏遠。這一切都讓人感到不適與恐懼。

　　從主觀方面看：懷舊實際上是一種對現實生活的躲避和遁逃，懷舊是一種特殊的機制。它把我們所不想回憶的痛苦和壓抑全都隱藏了、忘卻了，以至於我們自己永遠不會再想起。而另一方面，它又把我們過去生活中美好的東西大大強化了、美化了，以至於人們在幾次回憶後把自己營造的回憶當作真實。懷舊起源於個人的失落感。失落導致回首，以尋找昔日的安寧與情調。

　　有些人很留戀過去的事情，留戀過去的友人、戀人。他們保存著大量的舊照片、舊服裝、舊書、舊報紙；替孩子取以前流行的名字；十分熱衷舉辦同鄉會、同學會。有些女士，過去曾有過一段戀情，因故未成連理，如今已屆中年，舊情復燃，開始「第二次牽手」。也有些人很留戀過去的經歷，過分看重過去的功績，把所獲得的獎狀、勳章、獎品保存得完好無損，時回憶當年那輝煌的經歷。相比之下，現在這榮譽的光環正在逐漸消失，心裡時常有失落感。

　　一個人適當懷舊是正常的，也是必要的，但是因為懷舊而否認現在和將來，就會陷入一種病態。

　　過多的懷舊和人生進取是背道而馳的。逃避也不利於智慧人生之路。而且對於一般人來說，懷舊的物品往往就是弱點和缺陷，是容易被人利用的「死穴」。古代的攻心術曾把懷舊物品作為一個很重要的突破點。在 EQ 研究中，懷舊是用來達到內心平和、寧靜、詩意的，是人性化的表現，但如果因為懷舊阻礙了自身的發展，或對外界造成了不必要的麻煩，就必須進行調適。

　　不要總是表現出對現狀很不滿的樣子，更不要因此過度沉浸在對過去的回憶中。當妳不厭其煩地重複述說往事，述說著過去怎樣怎樣時，妳可能忽略了今天正在經歷的體驗。把太多的時間放在回憶上，或多或少會影響妳的正常生活。

　　我們不能拋棄回憶，可是我們也不能做回憶的奴隸。在心靈的某個角落裡，會珍藏著我們走過的路上種種的喜怒哀樂、酸甜苦辣。然後，讓我們把更廣闊的心靈空間留在現在，留在此時此刻吧！

　　我們需要做的，就是盡情享受現在。過去再美好再悲傷，都已經因為歲月的流逝而沉澱。如果總是因為昨天錯過今天，那麼在不遠的將來，又會回憶著今天的錯過。在這樣的惡性循環中，妳永遠是一個遲到的人。不如積極參與現實生活，比如認真讀書、看報紙，了解並接受新事物，積極參與實踐活動，要學會從歷史的高度看問題，順應時代潮流，不能總是站在原地思考問題。如果對新事物無法立即接受，可以在新舊事物之間尋找一個突破口，尋找一個最佳的結合點，從這個點上做起。

　　每個正常人都會懷舊，但是懷舊不等於一味地沉浸於過去

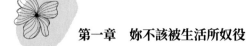
而否定現在和未來。

　　這世上再也沒有什麼能比今天更真實的了。

　　不要逃避今天的真實與瑣碎，走腳下的路，唱心底的歌，把頭頂的陽光編織成五彩的衣裳，遮擋風霜雨雪。每一個日子都向我們敞開，讓花朵與微笑回到妳我疲憊的心靈，讓歡樂成為今天的中心。如果有荊棘阻擋我們匆匆的腳步，那也是今天最真實的痛苦。

　　只有把握今天，才能感受生活的無邊快樂。

嫉妒會讓妳瘋狂

　　女性要比男性更容易自卑，其中最主要的原因就是女性間帶著嫉妒的相互注視，它讓女性覺得自己永遠也沒有比別人好。很多時候，明知事實未必如此，可總是說服不了自己走出這種無止境的自我折磨。

　　事實上，自己的生活、價值甚至各種個性行為都得由自己來下定義，別人根本證明不了什麼。

　　在身材和容貌方面，可以為自己列一份長長的清單，將優點和缺點詳列其中。如果執著地認為自己一無是處的話，可以找朋友和熟人聊聊。

　　將這張單子貼在自己的腦海中，告訴自己，自己有的，別人未必有。比如，妳有一頭飄逸柔順的長髮，那麼，婀娜的身

姿、雪白的肌膚就不會再傷妳的心了。

對於自己的工作，也要以平常心對待。這樣也許就沒那麼多閒情逸致管別人的身材和容貌了。

對於 20 幾歲的女性來說，工作是她們生活中一個相當重要的部分。在這個生活圈子裡，她們之間相互對照和比較的可能已不再是誰更漂亮，誰更苗條，誰嫁了個好老公，而是升遷、加薪和事業上的成就。

那麼，妳應該知道，有自己的目標和理想不能算錯，但總拿別人來做參照物卻是一種壞習慣，應該像戒菸一樣把它戒掉。對待工作只需要明白兩點：

第一，自己的能力到底如何；

第二，是否盡力在工作。而且這兩個問題與其他人無關。

妳應該為自己培養一個積極的心態。當妳真正認識自我之後，妳會發現，妳的心情逐漸開朗。妳也變得自信，再也不會自卑。

人比人，氣死人

在朋友聚會中，「在哪裡高就」、「一個月能賺多少錢」、「房子有多大」成了人們話家常的主要內容。然而，這些本來很普通的問話，對於一些人來說卻可能是「痛處」，甚至引起他們的心理疾病。

　　小陳和小麗剛剛結婚，兩個人如膠似漆，好得不得了。然而最近一段時間，小麗卻鬱鬱寡歡，每當小陳下班去小麗公司接她時，發現她不再像以前那樣高高興興地坐上車，摟著小陳的脖子問他想不想她。小陳發現，現在小麗下班後總是要等其他同事差不多都離開了，才慢慢走出來。

　　小陳為此忍不住唸了小麗一頓，沒想到小麗委屈地說：「你以後不要把 TOYOTA 開到公司門口來了，那邊有個巷子，你就停那，我保證一下班就過來！」小麗還說，最近辦公室的熱門話題是自己老公開什麼車，「王姐平時在辦公室不顯山不露水，這段時間卻有話語權了，誰都吵不贏她。沒辦法，她老公開的是 BMW，車牌號又有好幾個 8，停在公司門口就讓人羨慕得不得了！像奧迪、HONDA 也很風光，還有 MAZDA 又乖又時髦，你這樣開 TOYOTA 來，讓我在同事間一點面子都沒有。」

　　小麗羨慕別人的車子有多麼漂亮，就在老公面前抱怨，這樣又有什麼好處呢？人不可能每樣都比別人強，所謂「人外有人，天外有天」。羨慕別人等於在一定程度上貶低自己，為什麼不默默追上？再怎麼羨慕，自己的 TOYOTA 也變不成別人的 BMW 呀！

　　如果我們看到別人事業有成時，能從中看到努力的方向，腳踏實地地好好工作，也許下一個事業有成的人就是自己了。有些人羨慕別人的同時嫌棄自己，也有些人羨慕別人的時候，看到某個東西能帶給自己利益，就急著把手中的東西丟出去，全然不顧時機是否恰當。

　　生活中有些人羨慕那些明星、名人，日日淹沒在鮮花和掌

聲中，名利雙收，以為世間苦痛都與他們無緣。這是羨慕別人的盲點，也是一些人老是羨慕別人光鮮處的原因。事實上，走進明星名人的生活，他們同樣有著不為人知的辛酸。名導謝晉的兒子是弱智；美國前總統雷根曾幾度風光，晚年卻備受逆子的敲詐、虐待；

俗話說，人生失意無南北，宮殿裡也會有悲慟，茅屋同樣也會有笑聲。

只是，日常生活中無論是別人展示的，還是我們關注的，總是風光的一面，得意的一面。於是，站在城裡，嚮往城外，而一旦走出城門，就會發現生活其實都是一樣的，有許多我們一直很在意的東西，較之別人，根本就沒有什麼可比性。

有位哲人說過，與他人比是懦夫，與自己比是英雄。這句話乍聽不好理解，但細細品味，卻也有它的道理。

所以，不要把生命浪費在和別人的對比上，應該跟自己的心靈去賽跑。

那些總是抱怨自己不幸的人，不要用沉重的欲望迷惑自己，不要總是看到不曾擁有的東西，而是要靜下心來，放下心靈的負擔，仔細品味已經擁有的一切。學會欣賞自己的每一次成功、每一份擁有，就不難發現，自己竟然有這麼多值得別人羨慕的地方，幸福之神已在向妳招手。

所以，我們要用「和自己賽跑，不要和別人比較」的生活態度來面對生活。如果我們願意放下身段，觀摩別人表現傑出的地方，從對方的表現看出成功的端倪，收穫最多的，其實還是自己。不要因為與別人比較華麗的服裝而忽視了自己真正需要

提升的東西。

　　與自己某個階段所取得的小成功相比，才能更好地看到自己是不是進步了，才能更好地丈量自己的尺寸，所以一定要好好選擇可以比較的標準，而且讓妳與可以比較的對象之間具備一定的關聯性。

享受平淡的生活

　　人生絕不僅僅是作為生物而存活，它是一種莫測的變幻，也是一股不息的奔流。如果我們追求物質，那麼我們所造就的東西將不會在世間留下任何痕跡，但用心造就的美，卻不會隨著我們的湮沒而毀滅。我們的雙手會枯萎，我們的肉體會消亡，然而我們所創造的真、善、美則將與時俱在，永存而不朽。

　　現實生活中，又有多少人執迷不悟，任憑欲望無止境地膨脹下去，導致生命超載呢？人往往都是只有在面臨生死抉擇的時候才會大徹大悟，才感到生命比什麼都重要。

　　芸芸眾生，能坦然面對生命的少，能捨棄名利的更少，生活中不乏看重名利勝於生死者。人只有看透生死，才能看破名利的虛妄性。其實，生活未必都要轟轟烈烈，平平淡淡才是真。有些人認為，生命並不需要多彩多姿，只要寧靜安詳地過，這種人的生命就像一條清澈的小溪，慢慢地流。「雲霞青松作我伴，一壺濁酒清淡心」，這種意境不是也很寧靜悠然，像清澈的溪流一樣富有詩意嗎？

　　生命在平淡中有平淡的美好，這是生活在急切中的人所無法渴求的。活得急切又如何呢？還不是一樣要流向大海。只要有自己生活的境界，不見得要與別人共流。溪流雖小，卻載得動孩童的紙船；人生苦短，載不動太多的物欲和虛榮。生活始於平淡，歸於平淡，而其中的熱烈渴望或者痛心的失望其實是心靈失落和迷茫的表現。

　　人，是欲望的動物，所以永遠得不到滿足，永遠在為自己攫取著，最後終於淪為私欲的奴隸，把自己的心靈變成了地獄。而當一個人的生命走向終點時，他才會發現，人，是不會從過多擁有的東西中得到樂趣的，而這些東西卻總是以一種魔力吸引著人去追逐，失去理智也在所不惜。於是世界上成千上萬的人帶著這些東西走向了墳墓，悲哀而無奈。

　　印第安人酋長對他的臣民們說：「上帝給了每個人一杯水，於是，你從裡面喝出了生活的滋味。」生活確實就是一杯水，杯子的華麗與否顯現不了一個人的貧與富。但杯子裡的水清澈透明、無色無味，對任何人都一樣，接下來妳有權力加鹽，加糖，只要妳喜歡。

　　這是妳生活的權利，沒有人能剝奪。

　　妳有欲望，不停地往杯子裡加水，或者加糖，但必須適可而止，因為杯子的容量有限。啜飲的時候，妳要慢慢地體會，因為妳只有一杯水，水喝完了，杯子便空了。

　　生活當中，有多少人為了讓自己的這杯水色香味俱全而不停地往裡加各式各樣的佐料，比如，愛情、友情、金錢、喜、怒、哀、樂等，所以他們都活得非常「累」。然而，卻有許多人

都自願地承擔著這種重量，各式各樣的誘惑接踵而至，欲望的雪球越滾越大，最終這無法承受之重把每個人壓垮，使整個社會陷入混亂。

有一隻狐狸，看圍牆裡有一架葡萄，枝上結滿了誘人的果實。狐狸垂涎欲滴，牠四處尋找入口，終於發現一個小洞，可是洞太小了，牠的身體進不去。於是，牠在圍牆外絕食了6天，把自己餓瘦了，終於穿過了小洞，幸福地吃上了葡萄。可是後來牠又發現，吃得飽飽的身體無法鑽到圍牆外，於是，又絕食6天，再次餓瘦了身體。結果，回到圍牆外的狐狸仍舊是原來那隻狐狸。

生活中，有多少人也像這隻鑽進鑽出的狐狸，為了自己心中的「葡萄」透支了自己的身體與精力，最終因為這串葡萄而失去了人生的整個田野。

在人的一生中，有些重量是妳心甘情願要承受的，比如，愛情、親情；有些重量是妳不得不承受的，比如，責任、義務；而有些重量則是妳無論如何都無法承受的，比如，太過膨脹的欲望。欲望讓妳為了那些根本不可能擁有的東西而痛苦不堪，讓妳失去了快樂、希望和本該擁有的幸福，讓妳不知不覺忽略了身邊許多美好的事物。人活著應該讓別人因為妳活著而得到益處，而不是只為了滿足自己的欲望。每當妳往欲望的簍子裡多扔一塊石頭，妳的背脊就不得不因此彎曲一次，最終欲望的重量讓妳只能匍匐在地，過完庸俗的甚至可鄙的一生，欲望就成了妳唯一能為自己寫下的墓誌銘。

現代人總覺得自己的生活疲憊忙碌，而無暇享受此刻美好

的生活，是因為我們總是擔心時間不夠，就像我們總是覺得錢不夠一樣。學會停下腳步，享受已經擁有的時間、金錢與愛是我們生活中重要的一課。

如果天上的星辰一生只出現一次，那麼每個人一定都會出去仰望，而且看過的人一定都會大談這次經驗的莊嚴和壯觀。媒體一定提前就大做宣傳，而事後還要大讚其美。星辰如果真的只出現一次，我們一定不願錯過星辰之美，不幸的是它們每晚都亮，所以我們好幾個月都不去抬頭望一眼天空。

正如法國雕塑家羅丹所說的：「生活中不是缺少美，而是缺少發現。」不會欣賞每日的生活是我們最大的悲哀。其實我們不必費心地四處尋找，美本來就是隨處可見的。

可惜的是，生活中的此時此刻總是被忽略，我們無意中預支了「此刻的生活」。要充分享受妳的生活，就一定要學會放慢腳步，讓自己停留在一個沒有過去，也沒有未來，只有現在的地方。當妳停止疲於奔命時，妳會發現生命中未被發掘出來的美；當生活在欲求永無止境的狀態時，我們永遠都無法體會生活的簡約之美。

不做購物狂

妳是否經常在漫無目的地逛街時走進一家專賣店，錢包一掏而空後才後悔怎麼又亂花了錢？

妳是否在心情沮喪時總愛用購物來發洩一通，靜下心才發

現買回許多無用的東西？

　　妳是否被專櫃小姐的讚美弄得飄飄然，誰知買下的衣服穿回家卻顯得那麼不合身？

　　妳是否一看見打折促銷就按捺不住，一口氣買了一大堆衣服，其實很多妳並不需要？

　　妳是否……

　　女性消費，是真正的「血拼」，在購物時，女性一改文靜、嫻淑的面貌，時不時便會被衝動主宰。電影《購物狂》中張柏芝飾演的芳芳便是箇中翹楚，控制不住的消費欲讓她完全無視自己的經濟能力，瘋狂追求頂級品牌，紀梵希、GUCCI、Valentino、ARMANI……刷爆 N 張卡，淪落到失業的地步。

　　電影中的人物固然有些誇張，但試問每一位女性，有誰能在面對精美的服飾、化妝品的時候，還能保持冷靜。這個花花世界帶給女性太多的誘惑，女性在目眩神迷時自然會將手中的錢包乖乖奉上。

　　停止揮霍金錢吧，請妳想一想，有很多時候妳已經不是在消費，而是在浪費。衣櫃裡那一堆堆再也穿不出去的衣服，門後那一隻隻落滿灰塵的鞋盒，還有那永遠乾癟的錢包，難道還不足以清醒過來嗎？

　　我們該如何去除揮霍金錢的習慣呢？一個解決的辦法就是以積極的態度用錢去取代消極的態度。

　　妳不應該對自己說：「我該不該買這東西？」而應該問：「這東西的價錢，是不是在我這個月的預算內？是否正是我要花的錢？」

　　換句話說，妳要問問自己，到底有多麼想要花這筆錢來買這東西，而不僅僅是告訴自己能不能花這筆錢。

　　「我不應該花這筆錢」，因為它是消極的訊息，所以容易被忽略，這也是人類的心理。而消極的資訊會迫使我們合理我們的購買行為，如「這東西顏色很漂亮」、「這東西正在打折」和「我真的很想要這東西」等說法，就是很普遍的例子。其實，若透過選擇性的消費，妳想要花錢的本能還是能夠得到滿足。這就像一個正在減肥的人必須減少熱量的吸收，但每天卻又還可以吃一點冰淇淋一樣，妳不必試著去完全改變生活方式，而且也不必強迫自己克服心理上的排斥感。

　　不要誤以為選擇性消費很簡單，其實它並不簡單，它需要不斷地練習。給自己一些選擇，先列出物品的優先順序，然後再列出一個購物清單。（當我們去超市時會列出清單，為什麼買其他東西時不會如此）問問自己，用同樣的金額，還可以買哪些東西？至少去比較三個不同商品的價格、服務和品質，妳將會看到什麼事情發生？

　　妳的消費是可以掌控的，無視習慣、衝動，或者是廣告，就能夠購買真正想要的東西。如果養成了這個習慣，能夠聰明地消費並存下所省下來的錢，很快妳也可能成為富翁。

　　要養成好的消費習慣，就要在消費前多問自己幾個「W」。為什麼要買（Why），問問自己是否必須買這件東西，它合乎需求嗎？經濟收入和財務狀況能否負擔得起；什麼時候去買（When），何必非要追趕流行，流行的如果是有價值的，自然能經得起時間的考驗，到時候再買也不遲，價格卻已經有一定

的下降。換季購買也是一個不錯的辦法；去哪買（Where），同樣的商品在路邊攤和大賣場出售的價格差異是很大的，即使是同一地方的幾家店鋪，也要「貨比三家」，不讓自己吃虧；以什麼方式去買（How），趁著打折、促銷時購物很好，但一定要看清，不要落入商家的陷阱，沒有買到便宜不說，還白白吃虧；和什麼人去買（Whom），如果妳是一個易衝動又愛面子，抹不下臉來砍價的女人，不妨請女友中的一位購物高手做伴，看看人家是怎麼精打細算、討價還價的，和高手一起「血拼」，既不會多花冤枉錢，又能鍛鍊好的消費習慣。

不要再漫無目的地逛街，在逛街之前，應該在大腦中形成一張購物清單，只買這些需要的東西，如果能用筆記下來更好。尤其在去超市時更需如此，不要見什麼買什麼，把購物車堆滿。

不要再三五成群結伴逛街，尤其是你們恰好意志力都比較薄弱，互相督促，只會買回一堆不實用的東西。

不要對店員的奉承話信以為真，妳只是他完成業績的墊腳石；有些店內還用傾斜的鏡面讓妳看上去更纖瘦，用燈光效果讓妳顯得更神采奕奕，所以不要沾沾自喜，要做好心理準備，無論怎樣，這件衣服穿回家都不會再有店內的效果。

不要在心情不好的時候上街購物，那正是妳最容易衝動的時刻。想發洩情緒有很多種辦法，去健身房出一身汗、去戶外大喊兩聲、關起門放首勁爆的舞曲，隨著音樂用力搖擺起來……

不要再貪小便宜吃大虧，掀開「打折」的面紗，看看底下有

多少陷阱和圈套。說是「全場打幾折」，其實只限於少數幾種賣不出去的庫存貨；說是「買二送一」，其實上千元一件商品的贈品不過是價值幾塊錢的鑰匙圈、聯絡人；說是「買多少就送禮券」，其實禮券不能當現金使用，還得繼續購買別的東西……

趙娜去一間購物中心購物，剛好碰到「買滿 500 送 150」的活動，一雙原價 2,500 元的羊皮靴毫不猶豫地買下了，拿到 750 元的現金券，可是這 750 元券該怎麼用掉呢，趙娜上樓、下樓，也沒找到特別喜歡的東西剛好能用 750 元買下的。沒辦法，自己又多付了 1500 元現金買了件牛仔上衣，可手頭又冒出 450 元現金券……趙娜這才意識到所謂禮券其實另有文章，一不小心就陷入了無止境的購買圈套。

那天，她在購物中心連續「戰鬥」了 5 個小時，終於花掉了最後的 600 元券，腿都走痛了，但心更痛啊，5 小時「血拼」花掉了 15,000 多元，這個月要喝「西北風」了。

不過，更讓她氣憤的事還在後面，僅僅過了兩個禮拜，她又來到這家購物中心，赫然發現她買的羊皮靴、牛仔服等都換了標籤，羊皮靴 1,750 元，牛仔上衣 1,800 元，原來它們本來就只值這麼多錢，所謂折扣，根本就是個幌子，她不僅沒買到一分錢的實惠，反而為了「折扣」花了不少冤枉錢。

我們應該培養良好的消費習慣，不要再放縱自己的欲望。誰都可能偶爾透支，但不要讓透支成為習慣，量入為出是快樂的根本所在。花錢沒有錯，花錢可以買到妳需要的東西，可以享受人生。但花錢也是一種態度及風格，想尊重妳的錢，就要知道如何花錢。少花點、多省點，讓妳的財富累積起來，而不

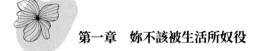

是悄悄從指縫間溜走。

不要被欲望牽著鼻子走

　　體內過量的脂肪會致人死地，同樣，生命中過剩的物欲與虛榮也會將人拖入深淵。

　　一天，異常憔悴的史密斯太太來到一個心理醫生的診所。一進門她就喋喋不休地訴說自己如何的不幸，丈夫離她而去，剛剛上國中的孩子不願回家陪她，去年炒股票又賠了一大筆錢……

　　「那麼，妳能說說妳丈夫拋棄妳的原因嗎？」

　　「我也沒和他吵架，只說鄰居詹姆斯很能幹，又開了一家速食店，而且生意好得不得了，而相比之下，唉呀，我丈夫簡直是個笨蛋，連一個蛋糕店都經營不好還要賠本。」

　　「孩子們呢？」

　　「他們，太讓我失望了，每次考試不是乙就是丙，害得每次家長會都讓我丟臉。」

　　「那妳為什麼要炒股票？」心理醫生繼續問道。

　　「噢，天啊，我的朋友珍妮炒股賺了一大筆，她的那臺林肯就是炒股票賺的，她都可以為什麼我不可以？」

　　可憐的女人，她已經被不理智的欲望折磨得不成樣子了。

　　誠然，任何人都有欲望，都想過美滿幸福的生活，都希望

豐衣足食，這是人之常情。但是，如果把這種欲望變成痛苦的欲求，無法滿足的貪婪，就會無形中成了欲望的奴隸。在欲望的驅使下，我們不得不為了權利、地位、虛榮的面子而削尖腦袋往裡鑽。她常常感到自己非常累，但是仍覺得不滿足，因為在她看來，很多人比自己的生活更富足，很多人的權力比自己大，很多人的化妝品用的比自己好。所以她別無出路，只能硬著頭皮往前衝，在無奈中透支著體力、精力與生命。其實這一切都是貪婪的表現，因為貪婪，所以不知道什麼才是真正想要的，所以看見人家有什麼自己沒有就會想得到，最後不只把自己搞得筋疲力盡，甚至有可能走上犯罪的道路。

押心自問，這樣的生活，能不累嗎？被欲望重重壓著，能不精疲力竭嗎？靜下心來想一想，有什麼目標真的非讓我們去實現不可，又有什麼東西值得我們用寶貴的生命去換取？讓我們剔除過多的欲望吧，將一切欲望減少再減少，從而讓真實的欲求浮現。這樣，妳才會發現真實的，平淡的生活才是最快樂的。擁有這種超然的心境，妳就能做起事來，不慌不忙，井然有序。面對外界的各種變化不驚不懼，不慍不怒。而對物質引誘，心不動，手不癢。沒有小肚雞腸帶來的煩惱，沒有功名利祿的拖累。活得輕鬆，過得自在。白天知足常樂，夜裡睡覺安寧，走路感覺踏實，驀然回首時沒有遺憾。

靜下來想一下，人的生命到底有多長？到底能在其中支撐多久？到底讓自己疲憊到什麼時候才算完結？想一想：究竟有什麼目標真的非要實現不可，又有什麼東西值得用寶貴的時間和生命去一直追逐？如果放下過多的物欲，如果放下那些滿心

的虛榮，會不會過得更加幸福？

古語說：「人為財死，鳥為食亡。」人不能沒有欲望，不然就會失去前進的動力，但人卻不能有貪婪，因為貪欲是個無底洞，永遠也填不滿。

法國傑出的啟蒙哲學家盧梭曾對物欲太盛的人做過極為恰當的評價，他說：「十歲時被點心、二十歲被戀人、三十歲被快樂、四十歲被野心、五十歲被貪婪所俘虜。人到什麼時候才能只追求睿智呢？」的確，人心無法清淨，是因為欲望太多，欲望的溝壑永遠填不滿，人心永不知足，沒有家產想家產，有了家產想當官，當了小官想大官，當了大官想成仙……精神上永無寧靜，永無快樂。

人生好像一條河，有其源頭，有其流程，有其終點。不管生命的河流有多長，最終都要到達終點，人生終有盡頭。活著的時候，少一點欲望，多一點快樂，有什麼不好？

俗話說：「人比人，氣死人。」女人往往容易看到別人比自己好的地方，並因此心境難平。我們應該先學會看重自己已擁有的生活，再心平氣和地改進自己的處境。

別人自有別人的優越，而我自有我的幸福。這才是 20 幾歲女人的良好心態。她們笑得燦爛，笑得舒心。發自內心的快樂，使她們成為天下最幸福的女人。

不要過於苛求苗條的身材

什麼是美？近年來許多女性熱衷於減肥，追求的是苗條的身材。專家指出，過度節食正在成為世界五種新病症之一，威脅著女性的健康。

近來醫院的婦科門診中，少女罹患厭食症的病歷在逐漸增加。據統計，全世界罹患神經性厭食症的人數在不斷地增加，每 8 個有患神經性厭食症的人中，女性就占了 7 個。在這些女性中，正值青春期的少女更是占了絕大多數。心理醫生研究發現，流行雜誌在青少年對自己體型不滿等想法有著決定性的影響。調查對象是 219 個 21 至 25 歲的女孩。心理醫生把她們分為兩組，一組經常看針對 20 幾歲少女的流行雜誌，而另一組則不。15 個月後，研究人員發現不看流行雜誌的女孩幾乎沒有任何對體型不滿或以瘦為美的想法，也不想節食。心理學家調查發現，41% 的女孩說她們節食想法的來源是流行刊物。

目前厭食症的患者多為年輕女性，因為害怕肥胖而開始節食。這種減肥方法極為危險，體重不斷減輕的同時，還會相繼出現食慾不振、乏力、易倦和憂鬱。

更嚴重的是節食造成的厭食症會使正值青春期的女孩攝食過少，骨骼發育不全，影響身高，甚至年紀輕輕就得了骨質疏鬆症。對女性影響更大的是營養不夠造成卵巢發育不良，甚至因為沒有月經而終身不育的可能。血壓低、貧血、骨骼萎縮、浮腫都會伴隨而來。嚴重嘔吐的患者有代謝性鹼中毒的危險。

　　過去的人，體重和富裕相連，豐滿受到讚美；現在的人富裕了，體重的階級關係則剛好顛倒過來。在美國的低收入階層裡，肥胖女性是高收入階層的 7 倍。廉價服裝店裡的號碼多有 14 號以上，而高級服裝店裡則多在 14 號以下。

　　肥胖在目前的社會中，正遭到嚴重的歧視。換句話說，苗條已被賦予正面的社會屬性，而肥胖顯然具有否定的社會屬性。同時，苗條非但意味著經濟成功，而且被冠上了道德意涵，使得肥胖變成醜陋可恥，地位和層次低下的象徵。

　　可嘆的是無論富而瘦，或瘦即美，都是十分折磨人的想法。弄得每個人都在終生節食，必須與磅秤奮戰一生。節食的經驗的確是一種具有自虐傾向的克制，並且造成一種病態的自戀。

　　節食是在否定身體自然的感受力。長期忍受饑餓，不敢吃飽更會造成飲食紊亂。厭食和暴食都是病態，做人實在不必將磅秤指數當作個人成就指數。對肉體的控制力，也不等於對生活的控制能力。除了自我形象，生活中還有許多更重要的事值得我們關注。

　　想要出人頭地，和節食並無必要關聯。相形之下，男性對於體重不像女性如此看重，對自己的體重評估也較為合理實際。男性的自尊建立在健康之上，女性則是吸引力而非健康。

　　對於女性來說，在實際體重和理想體重之間永遠存在著矛盾。男人對自己的體重，在心理上具有較大的彈性，而女性則常常以影視美女和廣告模特兒作為標準。導致自己心靈的眼睛與鏡子裡的形象脫節，這種對於理想美的追求，也是一種精神

和身體分離的病相。

由於篤信苗條是美，肥胖是醜的結果，一個感覺自己不夠瘦的女子，常會失去自信。

於是節食、吃藥、灌腸或採取羅馬人的反胃嘔吐法……每個女人都在追求苗條。在美國的精神病患中，死亡率最高的病症是神經性厭食症，且全是女性。

倘若不是因為對於苗條崇拜超過對健康崇拜，是不會有人採取有礙健康的方法來控制體重的。

每個時代都在追求美，美的時代標準卻並不相同。但是歷史上標榜豐腴之美的時間卻大大超過以苗條為美的時間。苗條和豐腴都是美的形式，身為女性大可不必偏執，應該欣然接受自己的體型。「標準美」並不值得羨慕，也不必苛求自己。

女強人不能當

「女強人」三個字，引起許多成功女性越來越強的反感，對她們而言，與其說是對女性事業成功的褒揚，不如說是一種揶揄，造出這個詞的人，他的骨子裡絕對懷有強烈的性別歧視思想，試問有誰把事業有成的男人稱為「男強人」的？這個社會女人本來就難，好不容易取得一點成功，就被人戴上「女強人」的帽子，被人另眼相看，崇拜但是「敬而遠之」。

在人們的印象中，「女強人」一般代表著能力超群，不讓

鬚眉，事業有成，權勢顯赫。她們可能什麼都有，彷彿在天堂裡生活。可她們，又彷彿什麼都沒有，少有平靜安寧的家庭生活，少有簡單快樂的笑容。

聰明女性不做女強人，有四大理由：

首先，做女強人很累。所謂女強人，能幹是她們的標籤，因此做好任何事情似乎都是應該的。一般來說，人們的思維都是有慣性的，這位能幹的女性既然能做好那麼大的事業，就沒有理由做不好其他的事情。比如，她們應該很擅長處理家庭人際關係，如果處理得不好，一定是她的責任，是她沒有處理好關係的原因。如果她想，她就一定能處理好，她有這個能力。

因為太強，所以幾乎沒有什麼人會考慮她的感受，人的本性往往是同情弱者。女強人天經地義就該去照顧、關心和體諒別人，而她們，不管有沒有煩惱或者問題，都不能表現出來，所有的事情她都要自己解決，因為她是強者。

其次，做女強人很煩。因為要強，所以她們大多是完美主義者和理想主義者的結合，容不得事情有缺陷，不完美。盡善盡美，要求自己可以，可因為習慣，她們也會以同樣的標準要求別人，看不慣的事情肯定不少。可是，生活又要求她們必須接受他人的不完美，必須寬容對待他人的糊塗，否則就會有人說不夠大度不夠寬容。

再次，做女強人從內到外似乎都缺少了女性的柔情。她們一般都有顯赫的地位和權勢，工作時發號施令是女強人最常做的事情，時間久了，這種習慣很難不會帶到生活中。即使她再怎樣平易近人，和藹可親，那股強者的味道總是揮之不去。

　　緊張的工作狀態，超強的生活壓力，再加上本身極強的個性，使得她的健康受到極大的影響，常常是疲憊不堪，一臉倦容，很難談得上美麗動人。當然，依照職業的不同，在這一點上還是有差別的。美容院的老闆們個個都是花枝招展的美，而大部分政界或商界的女強人，就只剩下穩重的外表。

　　最後，做女強人很孤獨。女強人的內心世界是異常孤獨的，所謂「高處不勝寒」，在風光與奢華的背後，是鮮為人知的孤寂。夜深了，白天圍在她身邊的人們各自散去了，她可以靜靜面對自己了，此時她最真實的感受就是孤獨，思念真正的朋友，渴望溫馨的家庭生活和浪漫的愛情。可逝去的歲月不再，無暇顧及的親情、友情，錯過的愛情又去哪裡尋找呢？

適當的距離才是美

　　男女戀愛時，有些人好得跟一個人似的，不只一天幾十個電話，甚至一起吃飯、一起走路、一起看書，形影相隨，愛得死去活來轟轟烈烈，讓人感動至深。可是，結婚後，男人卻像換了一個人似的，結婚前答應每週看一次電影，現在一個月看一次就偷笑了；答應下班和妻子一起去逛賣場，卻和朋友喝酒喝到深夜，不催根本不想回家；妳精心準備了一天的晚飯，他回家吃上幾口，心不在焉說幾句「這個太鹹，那個太淡，這個蘿蔔沒洗乾淨，那個菜油放太多」，吃完飯，還會把碗一丟就去抽菸看球。妳總想跟他聊聊，談談他的工作，妳的衣服，還有週

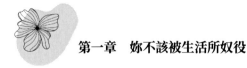

末陪妳回娘家的事，但妳才剛說幾句他就開始碎唸。妳把自己搞得筋疲力盡，婚姻生活由濃濃的咖啡變成了毫無生氣的白開水，妳心裡也在嘀咕：「他是不是不愛我了？他是不是有別的女人了？」於是妳盯得更緊了，噓寒問暖事事操心，不過他好像更反感了。難道真應了那句「婚姻是愛情的墳墓」？

事實上，男人忙完一天工作，交際應酬迎來送去，大多已經筋疲力盡了。回家好不容易想徹底放鬆一下。跟橡皮筋一樣，不能總是繃緊了不放鬆。愛情亦如我們大腦的神經系統，時間長了一定是要休息的。年輕人步入婚姻後，總想保持戀愛時的浪漫和甜蜜，又想衣食無憂無牽無掛。卻不知柴米油鹽醬醋茶，樣樣要操心，而他操心完家裡的事情又要操心工作上的事情。兩人可能都很疲憊，這時如果再不分時機地黏住他，後果可想而知了。況且，愛情不可能總是處於「巔峰」狀態，夫妻的愛情是一種平平淡淡的感情，但是，這種感情並不排斥高潮的出現。這時，雙方最好能與保持一段距離，適當分別一陣子會更好。

雙方保持一段距離的好處在於：夫妻的短暫分離使愛情暫時處於一種相對平靜的環境中，像人累了以後停下來休息一樣，醒來了，精力更充沛。愛情睡個覺後，在人的心中會形成對愛人的一股悠悠思念，好像回到了戀愛那時候。因此，愛情的形成也需要更新，若總是如新婚前後那樣形影不離，如膠似漆地黏在一起，兩人早晚會產生倦怠心理的。儘管愛情是我們生活中的重要內容，但絕非唯一。

更多時候，夫妻還承擔著別的責任，要騰出精力來實施自

己的義務。如照顧雙方家裡的老人、撫養後代都要有所計畫。同時，還要承擔對社會的一份責任，為社會做出自己應有的貢獻。愛情是維繫於生活現實中的，解決了婚姻家庭中的許多實打實的生活問題，愛情才有所附著。總之，愛情是無法脫離生活的。

實際上，許多人都有過這樣共同的體驗──距離產生美。人若長期接觸同一事物、同一工作，就會產生疲勞感，即使是一首很美妙的音樂、一幅很美的圖畫，如果每天聽、每天看，原先的美感也會逐漸消失。同樣，如果婚姻生活每天重複著毫無變化的日子，兩人天天黏在一起，彼此就會產生厭倦。所以，不要時刻黏在一起，適當地保持一段距離，對兩人的感情歷久彌新是很有益處的。

總之，兩人生活在同一屋簷下，同床共枕，摩擦一定不會少，往往會導致心理上的漸漸疏遠。反之，短暫的分開會使對方朝思暮想，雖然人有距離，但心理上卻靠近了，有利於增強彼此的感情。

盡量避免與人爭辯不休

避免和人爭辯，這一點對於 20 幾歲的我們來說非常重要。有個喜歡辯論的學者，在研究過辯論術，聽過無數次的辯論，並關注它們的影響之後，得出了一個結論：世上只有一種方法能從爭辯中得到最大的利益，那就是停止爭辯。妳最好避免爭

辯，就像避免戰爭或毒蛇那樣。

　　妳永遠無法從爭辯中取得勝利，如果妳辯論失敗，那妳當然失敗了；如果妳獲得勝利，那妳還是失敗了。這是因為，就算妳將對方反駁得體無完膚、一無是處，那又怎樣？妳只是使他覺得自慚形穢、低人一等，妳傷了他的自尊，他不會心悅誠服地承認妳的勝利。即使他表面上不得不承認妳贏了，但他心裡會從此埋下怨恨的種子。

　　妳要知道，當人們違背自己的意見被別人說服時，他仍然會堅持自己是對的。

　　富蘭克林這樣說過：「如果你辯論、反駁，或許你會得到勝利，可是那勝利是短暫、空虛的……你永遠得不到對方的好感。」

　　妳不妨替自己做這樣的衡量——妳想得到的是空虛的勝利，還是人們賦予妳的好感？這兩件事，很少能同時得到。

　　妳在進行辯論時或許妳是對的，可是妳要改變一個人的意志時，就算妳對了，也跟不對一樣。妳可能認為所有透過爭辯獲得的勝利都是一種勝利，可事實上，這是一種付出極大代價後獲得的暫時性的勝利。不說一句話，透過行動得到別人的認同，這才是最終的獲勝者。

　　20 幾歲的妳，要盡量避免與人爭辯。為了自己，也為了他人，婉轉一些遠比直來直去更能令人接受，和和氣氣也一定比當面鑼，對面鼓地否定別人更有效。當然，這需要極高的修養與智慧。

　　首先，妳必須胸懷坦蕩。盡量不要認為他人別有用心，對

人家的每一句話都去猜忌、懷疑，被一些「言外之意」氣得面紅耳赤，繼而開始反擊，這完全是自尋煩惱。其實很多時候，「說者無心」，對方並不是真的想要傷害妳。

其次，妳應該心態平和。一兩句重話還是隨他去吧，連環炮似的回擊，唇槍舌劍，結果弄得朋友反目、兄弟成仇，搞得自己人憎鬼厭，留給別人心胸狹窄的形象。

再次，須知不爭辯不是無能、懦弱。倘若真的被不懷好意之人冒犯了，保持沉默會令對方更瞧不起妳。這時最好的回擊就是保持泰然自若的風度，用幾分幽默感、一點智慧、幾句妙語為自己解圍，也讓對方心生愧疚。

一位首相在正在臺上演講，突然有個搗亂分子高聲打斷他：「狗屎！垃圾！」顯然，這個喊話人的意思是叫他「少說空話」和「別胡說八道」。

聰明的首相不會不明白此人喊話的本意，可是此時他若假裝沒有聽見，便很難下臺；他若回罵對方，那更有失風度，難免損害自己的公眾形象。於是，他故意假裝不理解那個喊話人的本意，只是報之一笑，說：「這位先生，請先別著急，我馬上就要談到您提出的環境髒亂的問題了。」

搗亂者一下子語塞，起鬨不起來了。很多聽眾都發出了會心的微笑。

一個成大事的人，不能處處跟別人計較，消耗自己的時間去和人家爭論。無謂的爭論，對自己的性情不但有所損害，還會失去自己的自制力。在盡可能的情形下，不妨對人謙讓一點。與其跟一隻狗一起走，不如讓狗先走一步。如果被狗咬了

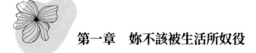

一口，妳即使把這隻狗打死，也無法使妳的傷口癒合。

容易忽視的小事有時也很重要

　　老子說過：「天下難事，必做於易；天下大事，必做於細。」精闢地指出了我們想要成就一番事業，就必須從簡單、細微之處著手。著名建築大師路德維希·密斯·凡德羅（Ludwig Mies van der Rohe），在被要求用一句話來描述他成功的原因時，他概括說：「魔鬼藏在細節裡。」他反覆強調，如果對細節的掌控不到位，無論妳的建築方案如何恢弘大氣，都稱不上是成功的作品。可見，無論古今中外，細節成了所有成功人士所共同重視的關鍵。

　　然而，在我們周圍總有些人，他們認為任務完成得差不多就行了，完全沒有必要在細節上下工夫、耗時間。殊不知，正是這些看著不起眼的小過失、小錯誤帶給人們無數毀滅性的危害。所謂「千里之堤，潰於蟻穴」，「差若毫釐，繆以千里」，就是這個道理。建築工程中的小小誤差，可以使整幢建築物倒塌；不經意丟在地上未熄的菸蒂，可以毀掉整個房間乃至讓整幢樓房化為灰燼；列車乘務員或是工程師看錯了兩分鐘，就可能使兩輛載滿乘客的高速列車相撞，原本幸福的家庭破滅。還有現在經常發生的醫療糾紛，由於醫生一時大意，把紗布、手術鉗等遺留在病人體內，帶給病人多年的痛苦折磨和經濟上的巨大損失，而他們最終會訴諸法律，同樣承受經濟上的巨額賠償甚

至被判刑，使他們的前途一片黑暗。而這一切的起因，全是因為他們輕率馬虎，因為他們的忽略細節、一時大意。

所羅門國王曾經說過：「萬事皆因小事而起，你輕視它，它一定會讓你吃大虧的。」

一件小事，是做好了，它可能成就妳的人生；但要是不把它當回事，它也可能帶來刻骨銘心的教訓。

所以，20 幾歲的妳一定要注意曾經被妳忽略的一些小事，否則妳很難獲得成功。

不管是生活中還是工作中，沒有什麼「小事」，只要是構成結果的一部分，都值得去重視。關注事件的發展流程，只要目前還未達到最佳效果，細節就應該被關注。造成不同結果的事，往往就是最容易被忽略的小事。

20 幾歲的妳，不要以為妳的閱歷還算豐富就可以在職場中穩坐泰山了，如果不注意妳曾經忽略的一些小事，不僅妳的位置保不住，很有可能連妳的前程都會受到影響。「成功應從細節做起」，這是一個合資公司的老闆在開會時給員工講的第一句話。所以，千萬別讓小事影響妳的前程，這些小事歸納起來，大概有以下幾個方面：

1. 早上不抓緊時間

如果妳踩著上班鈴聲踏進辦公室，手裡抓著還沒來得及吃的早餐，在眾人注視下坐在辦公桌前，那麼不管這一天妳做得多有成效，妳的功勞在他人心中也會大打折扣。

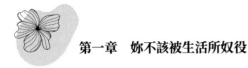

2. 想當所有人的好朋友

在工作中，很多人煞費苦心地結交朋友，而不是以工作實績贏得別人的尊重。可是，只有贏得別人的尊重才有助於提升。在升遷加薪方面，好感是沒有多大用處的。

3. 動不動就找老闆要答案

確實，一些問題必須由上層主管決斷，可是，事無鉅細都向主管請示，主管會認為妳缺乏辦事能力，久而久之便會對妳失去信心，這樣的員工是很難得到提升的。

4. 事情交代不清楚

如果妳主持一場會議，傳達上級指示，結果散會後所有人都不知道自己該做什麼，那麼這純粹是在浪費他人的時間。平時在工作中與上司和同事交流時也要用確切的語言，表達清楚妳對某件事的認可或看法，不要讓別人常問妳在說什麼。

5. 衣著沒有品味

多數公司對著裝沒有嚴格規定，但是，如果妳想表現出對所從事職業的重視，妳的穿戴就要配得上這個職業。如果妳是一位上班族，就必須衣冠楚楚，不可不修邊幅；如果妳是一名工人，就大可不必西裝革履，否則會顯得不協調。

不要瘋狂追隨流行熱潮

　　流行是那種隨時在身邊，又無力抓住的東西，好比風。流行不聽妳的，也不聽他和我的，流行自由自在無拘無束。如同黃昏散步呼吸到的襲人花香，如同清晨登山聽到的飄渺情歌。流行讓妳會心，讓妳會意，卻無法追逐，無法製造。但是，流行又會告訴妳，它並非遙不可及，隨心就好，隨意就好。流行的本質還是生活，不要刻意領先流行，流行因妳的心情而生。

　　沒有人能夠真正說清楚流行是什麼，變幻莫測正是它的脾氣。拚命追趕流行潮流，把自己的本色滌蕩得乾乾淨淨，一陣雲裡霧裡，屬於自己的珍愛到頭來仍是一無所有。

　　流行是一種很有魅力的東西，流行也是一種很模糊的東西。因為有魅力，流行為眾人所追逐。因為玄妙和模糊，不少女性陷入了追逐的迷思：

　　第一，照單全收追流行。

　　有些女性為了追求流行，往往不考慮自己的年齡、體型、膚色，甚至盲從一些標新立異的行為。

　　第二，不惜重金追流行。

　　有些女人為了追求流行，不惜重金，弄得自己看起來一派風度，口袋裡的錢越來越少，感覺卻越來越糟。「打腫臉，充胖子」的感覺不好受啊！

　　第三，損害健康追流行。

　　流行每天都有新的內容發表，人們只顧盲目追求，難免在

不知不覺中離健康越來越遠。

近十年，興起美容流行新概念——斷食、浣腸。許多明星都堅持浣腸美容，目的是讓自己的身體裡沒有宿便不累積毒素，但浣腸容易讓腸道變粗，長時間反覆刺激還會使腸道麻痺，容易導致一些人為的疾病。

另外，現在越來越多的高級白領把去健身房鍛鍊身體當作一種流行。殊不知，鍛鍊身體的好地方不在健身房而是在室外。健身房裡的裝潢殘留的有害氣體和一些粉塵反而對健康不利。

總之，流行可以追求，但健康卻不能不要，沒有了健康怎麼去追求流行？

潮流都喜歡創新，這不是問題，問題是現在人們太容易被潮流主宰，而走進了一個依賴他人標準安排自己生活的年代，失去了自己的標準和理由，失去了自己對生活的感受，這就直接導致人們的生活品質下降。

記住：流行不一定適合妳。在生活的河流中游泳，哭過、笑過，生活屬於妳自己，美麗也屬於妳自己。妳就是妳，茫茫人海中妳只有妳一個，難道在世界上還有誰能分享妳的寂寞和美麗。說到底，這是一種個性的領悟。一個人對流行感覺達到這個層次，應該是最高的境界了吧。

第二章
青春無悔，開始規劃生命的歷程吧

做獨立的女性

現在很多女孩子，她們願意穿漂亮衣服，坐豪華汽車，找很帥的男友，卻不願意從事任何工作，或者不願意憑自己的努力去爭取自己想要的東西。她們只願意坐著汽車陪男友兜風，只願意在自己的家裡像小貓一樣等男友歸來，卻從沒想過自己的境地。也許她們的容貌很好，也許她們很溫柔，也許她們和自己的老公或者男友很恩愛，但她們肯定沒有認真思考過自己的處境。

雖然婚姻是女性應該精心經營的，但感情是最琢磨不定的東西，婚姻有著太多的未知數，許多事情並不是自己想像的那樣。

誰不知道，人沒有脊梁將無法直立行走，女人不想做藤的話，獨立吧——因為這樣才最美。

的確，女孩嫁給一個好老公，可以讓自己逃避社會的壓力，可以讓自己「少奮鬥」，可以讓自己時常出入五星級飯店，可以讓自己成為品牌時裝店的常客，可以讓自己……

但是，只為了榮華富貴嫁一個鑽石王老五，那只會讓名貴的化妝品掩蓋妳的自信，華衣麗服困住自己獨立的腳步，高學歷到時候也只不過變成了擺在華美櫥窗裡的一份精緻嫁妝。當有一天清晨起來，妳發現自己變成了籠中鳥時，已經失去了遠翔的能力。

男人是女人的一切？不！自立才是女人的天！

　　自立是女性自信的重要元素之一。沒有獨立的經濟來源，沒有獨立的情感世界，女性永遠是男性的衣服；沒有一個讓自己安身立命的本事，女性遲早會成為怨婦中的一員；無法自立的女性，注定不能掌控自己的命運。

　　女性在經濟上的獨立是自我實現的首要條件。

　　真正能獨立自主的女性，會得到社會及他人的尊重，這是女性尋回自我的首要前提。有事業的女人能與自己的男人平起平坐，能讓他們不會輕易產生「是我在養妳的」的心理，才能得到男人的尊重和敬佩。

　　自立的女性不會把終生的幸福完全交在那個他手中（儘管求婚時他說：我會讓妳一輩子幸福），他哪有那麼多精力打理妳的幸福，更何況女性對幸福的要求男性一般達不到。所以，女性要和他一起共同為家付出。這樣即便妳面對一份支離破碎的生活時，妳的自立也會讓妳重拾生活的勇氣，重新開始打理自己的生活。

　　古今中外，任何一個值得尊敬的人都是用辛勤的工作，來換取事業的成功的。事業不僅是為了滿足女性生存的需求，同時也是體現個人價值的需求。20幾歲女性的可貴之處就是能夠有時間發展自己的獨立事業，它能帶給我們精神的寄託，同時又使我們經濟獨立、人格獨立。

　　現在更多的女性努力工作是為了發揮自己最大的價值，在不斷的進取和成績中獲得肯定和自我完善。她們和那些放棄工作、走入家庭的女性形成鮮明對比，更顯獨立自主，為社會創造價值，是城市街頭匆匆奔走的亮麗風景線。

獨立自信的女性是天空之中翱翔的鴻雁，是高原上奔跑跳躍的藏羚羊，是花叢中翩翩起舞的美麗蝴蝶……在世間，她們用自己的方式展現著屬於自己的美麗。

　　獨立自信的女性擁有廣闊的心胸，高瞻遠矚的目光。她們沒有臨淵羨魚而後感嘆，她們用行動實踐著「退而結網」的道理，她們用自己的雙手規劃自己的未來。她們懂得「靠山山倒，靠水水枯，靠自己永遠不倒」的道理，她們學會用自己手中的筆，在藍圖上描繪自己將要創造的山水。

　　獨立自信的女人會給人一種輕鬆自在的感覺，讓人愜意得像漫步在幽靜的山林之中；即便面對變化無常的社會，她們也不會喪失微笑。

目標一定要明確

　　目標是人生的導航燈，即便在夢中，也要朝它走。

　　有這樣一個小故事：

　　一個勘探小組在原始森林裡迷路了，食物和飲水都已用盡，只好用野果、草類充饑。

　　隊員們疲憊而迷惑地尋找著出路，絕望一步步逼近他們。

　　可是禍不單行，勘探小組組長、德高望重的老教授一病不起，無法救治。彌留之際，老教授用顫抖的手從地上摸起一塊雞蛋大的石頭，用盡力氣斷斷續續地說：「這塊礦石很有……價

值，你們一定要……走出……」「去」字沒說完就閉上了眼睛。

大家含淚埋葬了老教授，但在悲痛之餘也深受鼓舞。聽了老教授的臨終囑咐，得知此地蘊含著豐富的礦藏，對地質勘探隊員來說，這是最令人激動的事情。

隊員們小心翼翼地呵護著那塊「礦石」，歷盡艱險，終於走出了原始森林。然而，經過化驗，老教授所指的「礦石」不過是一塊普通的石頭罷了。

此時，眾人方才恍然大悟——從不輕易下結論的老教授，用善良的謊言，給他們一個走出森林的目標，從而鼓起了大家的勇氣。

人生中，並非事事坦途，它也會有未被開墾的原始森林。而在這個潮流瞬息萬變的時代中，年輕的我們只有堅定目標，才能衝破迷霧，走出迷宮般的原始森林。

可是，很多20幾歲的女性總是害怕前途渺茫，放棄自身求生的努力，喪失了自救的機會；或是退而求其次，在不斷的遊移之中，消耗掉了本身的雄心大志，雖然跟隨著別人走出了原始森林的迷宮，卻失去了探險的勇氣，安於瑣碎而煩悶的生活。

如果我們失去了自己為之奮鬥的目標，那我們將會變為無根的飄萍，隨著湖面上吹來的風輕輕遊移，失去了自己的方向、失去了事業的夢想，我們的做人準則也開始不斷地變化，失去了自己的判斷能力，我們的事業將會變得一蹋糊塗。

在人生的旅途中，女性堅定的目標猶如參天大樹腳下的根，能夠牢牢地抓緊自己腳下的泥土，縱使是狂風暴雨，依舊巍然不動。

　　學旅遊管理學系的小瑋，大學畢業之後進入了一家公司做助理，平淡而乏味的日子讓小瑋很苦惱。可是因為所學專業受限，即使跳槽也很難找到一份令自己滿意的工作。

　　小瑋有幾個做 IT 的朋友，在與她們的接觸中發現，雖然她們工作得非常辛苦，但是每一天都過得非常充實，而且 IT 還是一份薪水很高的工作。於是，她決定選擇一家電腦學校，學習程式設計。

　　身邊的很多朋友都覺得她瘋了，紛紛勸她：IT 行業是男人的天地，而且妳還是半路出家，跟那些相關科系出身的人是沒辦法比的。

　　但是，她十分有個性地回敬一句：「男人是人，女人也是人啊，憑什麼他們可以，我就不可以？」

　　話雖然說得容易，但真正學起來卻是十分辛苦。

　　為了能夠學好程式設計，小瑋選了一家非常知名的電腦學校，辭去了正職工作，開始找一些不影響課業的兼職。

　　艱難的學業生涯，小瑋終於咬牙撐了過去，但是走出學校的小瑋將面臨自己的第二次就業。

　　雖然她擁有良好的技術，但是沒有相關科系的學歷證書，帶給她不少麻煩。但是她明白此時既不能退縮，也不能退而求其次，因為電腦技術汰換非常快，如果自己這兩年的所學，無法及時應用到工作之中，那這些知識將很快變成「垃圾」，自己的努力和辛苦也將付之東流。

　　正處於苦悶之中的小瑋，接到了一個面試電話。這個電話宛如小瑋的救命稻草，讓她欣喜若狂，但是對方接下來的話，

又將她打入「冷宮」。

「妳就是夏瑋？我看名字還以為是個男生呢？唉，既然是個女生，我們就不打算聘了。」

小瑋聽了很氣憤，但是如果失去這次機會，不知道什麼時候才能碰上，她壓住怒氣，急忙說：「請先別掛電話，雖然我是個女生，但是這份工作是講求實力的，而不是分男女的，我想我有能力勝任這份工作，你們不應該因為我是女生，就連展示的機會都不給我，我希望你們能夠看一下我製作的案例，再來判斷我能不能勝任這份工作。」

對方大概被她誠懇而堅定的語氣打動，讓她一個禮拜後帶上自己的案例去面試。兩個禮拜後，小瑋順利地獲得這份工作。

人生職場，每分每秒都充滿了挑戰，也充滿了危機，前進的壓力就像空氣一樣，無處不在，無孔不入。不管妳選擇了哪一方面作為妳職場上努力的目標，妳都無法逃避前進中急流的猛烈衝擊。

是逃避？還是承受？

這一切只能由身在迷局中的妳來抉擇。

《曹劌論戰》中有云：「一鼓作氣，再而衰，三而竭。」職場猶如橫亙在妳面前的高山，而妳的目標則是山頂迎風傲雪的雪蓮花，如果妳想一睹它的絕世容顏，那只能一鼓作氣地登上山頂。

因為爬過山的人都知道：上山之路，不能停歇，因為爬過一段山路之後，人會感到很疲憊，停下來之後，再爬起來，不但動作緩慢，而且沒有多久又會選擇休息，這時已不是登山者

的身累，而是心累。因此，山頂本來已經近在咫尺，這會也隱在渺茫的雲端，而那絕麗的雪蓮也變成了登山者夢中的泡影。

堅定而明確的目標是贏得成功、有所作為的基本前提，因為堅定目標的意義，不僅在於面對種種挫折與困難時能百折不撓，抓住成功的契機，更重要的是即使妳身處懸崖峭壁，依然能夠發揮自己巨大的潛能，使自己絕處逢生。

堅持自己的目標，做一個遊走在崖間的仙子，去欣賞雨後彩虹的美麗，伸手引來天邊的白雲，俯身輕吻雪蓮的冷香。

不可輕視目前的工作

初入社會的女孩，切記，無論從事何種行業，不但要在自己的職位上做出成績來，還要在自己做事的過程中，形成自己完美的職業精神以及高貴的品格。無論是做一個律師、一個醫生、一個商人、一個職員、一個老師、一個公務員，還是一個家庭主婦時，妳都不要忘記，妳是在做一個保持自我風格的人；妳是在做一個具有真正高尚品格的人。這樣，妳的職業生涯才能有重大的意義。

許多年前，一個名叫聖子的妙齡少女，來到大飯店當服務員。這是她涉世之初的第一份工作，因此她很激動，暗下決心：一定要好好做！可是她沒想到，上司竟安排她洗廁所！

當她用自己白皙細嫩的手拿著抹布伸向馬桶時，胃裡立刻「造反」，翻江倒海，噁心得想吐。而上司對她的工作品質要求

特別高：必須把馬桶洗得光潔如新！

　　這時候，她面臨著人生第一個抉擇：是繼續做下去，還是換工作？繼續做下去？太難了！換工作？知難而退不是她的習慣。她不甘心就這樣認輸。因為她想起自己剛來時曾下過的決心：克服一切困難，走好人生第一步！

　　就在這關鍵時刻，飯店一位前輩及時出現在她面前，為她上了生動的一課——前輩一遍遍地擦洗著馬桶，直到擦得光潔如新。然後，他從馬桶裡盛了一杯水，一飲而盡！

　　聖子感到極為震驚。震驚之餘，她頓時明白只有讓馬桶中的水達到可以喝的潔淨程度，才叫光潔如新。她也明白只有對自己的工作成果完全信任，才達到了優秀的水準。於是她暗下決心：「即使終生洗廁所，我也要做一個洗得最出色的人！」

　　從此，她勤勤懇懇地做好自己的本職工作。洗完廁所後，她經常很自豪地從馬桶裡舀一杯水，毫不勉強地喝下去，就像那個教導她的前輩一樣。因為她確信馬桶已經被她擦洗得光潔如新。

　　她一直秉著這樣的職業精神：不論做任何事，都一定要做到最好。當一個人決定將任何一項工作做到絕對優秀的標準時，事實上他已具備了擔當重任的能力。後來，她成為一位著名女官員，出任日本政府的郵政大臣。每次當她站在演講臺上為臺下成千上萬的人做報告時，她的題目就是：上帝偏愛我，讓我掃廁所。在很多場合，她都這樣介紹自己的身分：最出色的廁所清潔工，最忠於職守的內閣大臣。

　　還有一個同樣出色的故事：現任外交學院副院長的任小萍

女士，她不管在什麼樣的工作職位上都選擇了認真對待，全力以赴。所以，才取得了最終的成功。

　　大學畢業那年，她被分到英國大使館做接線員。在很多人眼裡，接線員是一個很沒出息的工作，然而任小萍卻在這個普通的工作職位上做出了不平凡的業績。她把大使館所有人的名字、電話、工作範圍甚至連他們家屬的名字都背得滾瓜爛熟。當有些打電話的人不知道該找誰時，她就會多問，盡量幫他準確地找到要找的人。慢慢地，大使館人員有事外出時並不會告訴他們的翻譯，而是給她打電話，告訴她誰會打電話來，請轉告什麼等等。不久，有很多公事、私事也開始委託她通知，使她成了全面負責的留言點、大祕書。

　　有一天，大使竟然跑到電話間，笑咪咪地表揚她，這可是一件破天荒的事。結果沒多久，她就因工作出色破格調去給英國某大報記者處做翻譯。該報的首席記者是個很有名的老太太，得過戰地勳章，授過勳爵，本事大，脾氣大，甚至把前任翻譯給趕跑了，剛開始時也不接受任小萍，看不起她的資歷，後來才勉強同意一試。結果一年後，老太太逢人就說：「我的翻譯比你的好上十倍。」不久，工作出色的任小萍又破例調到美國駐華聯絡處，她做得同樣出色，不久即獲外交部嘉獎……

　　當妳在替公司工作時，無論老闆安排妳在哪個位置上，都不要輕視自己的工作。小事情其實正是大事業的開始，既然接受了這個職業，接受了這個職位，就必須接受它的全都。如果說一個清潔工人不能忍受垃圾的氣味，能成為一個合格的清潔工嗎？如果一個接線員，不能忍受工作的煩瑣，她能成為一個

合格的接線員嗎？

那些在工作中推三阻四，老是埋怨環境，尋找各種藉口為自己開脫的人；那些只有才華，沒有責任心，以善於耍小聰明為榮的人，需要記住：只要妳依然在做某一份工作，就不要輕視它。輕視它，就等於輕視妳自己。

敬業是能夠獲得好多回報的。即使暫時無法得到回報，但最終的受益者依然是自己。記住：世上沒有卑微的工作，無論做什麼都要盡全力去做。

工作並非只是為薪水

不要只為薪水而工作，即使現在薪水微薄，未來也一定有所收穫。從積極的態度來看，把工作看成一種經驗的累積，任何一項工作都蘊含著無數成長的契機。人們欽佩的是那些不論老闆是否在辦公室，都會努力工作的人，那些盡心盡力完成自己工作的人。

小麗在一家房地產公司做電腦打字，她長得並不好看，學歷也不太高，小麗的打字間與老闆的辦公室之間只隔著一塊大玻璃，老闆的舉止只要她願意就可以看得清清楚楚，但她很少往那邊多看一眼。小麗每天都有打不完的資料，小麗知道工作認真刻苦是她唯一可以和別人比較的資本。她處處為公司打算，影印紙不捨得浪費一張，如果不是很重要的檔案，她會把一張影印紙印雙面。

一年後，公司資金運作困難，員工薪水開始告急，許多人紛紛跳槽，最後總經理辦公室的工作人員就剩下她一個。人少了，小麗的工作量也陡然加重，除了打字，還要做接聽電話、幫老闆整理檔案的雜事。有一天，小麗走進老闆的辦公室，直截了當地問老闆：「您認為您的公司已經垮了嗎？」老闆很驚訝，說：「沒有！」「既然沒有，您就不應該這樣消沉。現在的情況確實不好，可是很多公司都面臨著同樣的問題，並非只有我們。而且雖然您的 2,000 萬砸在了工程上，成了一筆死錢，可公司沒有全死呀！我們不是還有一個公寓建案嗎？只要好好做，這個建案就可以成為公司重整旗鼓的開始。」說完她拿出那個專案的策畫方案。隔了幾天，小麗被派去負責那個專案。2 個月後，那片位置不算好的公寓全部預售出去，小麗替公司拿到一億九千萬的支票，公司終於有了起色。

　　之後的 4 年，小麗身為公司的副總經理，幫忙老闆做了好幾個大專案，又忙裡偷閒，炒了大半年股票，為公司淨賺了600 萬。

　　又過了 4 年，公司改成股份制，老闆當了董事長，小麗則成了新公司第一任總經理。老闆與相戀多年的女友終於結婚了，在婚禮上，新郎（老闆）請小麗為在場數百名員工講幾句話。

　　小麗說：「我幫公司獲利了，許多人問我是如何成功的，我說千萬不要只為薪水而工作。」

　　凱倫是一家大餐廳的服務生，常因工作努力被評為最佳店員。這天，一位正在餐廳用餐的顧客突然倒地，口吐白沫，

四肢無力。眾人見狀大驚失色，紛紛指責飯菜中有毒。在這關鍵時刻，她淡定自若，先打了急救電話後又竭力安撫顧客，並向其他顧客保證飯菜裡面不會有毒，但是絕大多數人還是不相信她說的話。這時，她不顧其他服務生的勸阻當場吃下很多飯菜。為防止謠言擴散，她還請求大家等醫生來判斷，大家的情緒才安定下來。

沒一會，急救車停在飯店門口。經驗豐富的醫生立刻斷定，所謂的「中毒」者實際上是「癲癇病」發作。凱倫的勇敢和機智避免了一場虛驚向災難的演化，極大地維護了公司榮譽，因此受到公司的高度讚揚，不久被提升為外事部主管。

小麗和凱倫的經歷告訴我們，我們工作的目的絕不僅僅是為了每月有一份不錯的薪水，或者是為了有一份可以謀生的職業，我們還追求一種認同感、歸屬感和成就感。

剛跨入社會，每個女孩都希望能夠得到一份有很高薪水的工作。的確，每個人都希望能夠賺高薪，但在 20 幾歲的時候，我們更應該牢牢切記，不必太顧慮薪水的多寡，但一定要注意工作本身所給予妳們的報酬，比如發展妳們的技能，增加對妳們的考驗，使妳們的人格受人所尊敬等等。

在工作時，一定要時刻告誡自己：我要為自己的現在和將來而努力。無論收入是多還是少，都要清楚地意識到：那只是從工作中獲得的一小部分。

要想在職場上成為一個成功人物，最好不要老是想著薪水的多寡！在工作過程中，盡量發揮出自己的才能和智慧，努力提高工作效率，不斷追求進步，積極地做好工作。這樣，老闆

自然就會對妳另眼相看。

正所謂「不計報酬，報酬更多」。因工作獲得大量知識和經驗，以及踏進成功者行列的各種機會，這才是有極大價值的報酬。

如果不管薪水如何低廉，對一切工作都願付出至善的服務與至高的努力，成功應該指日可待。

如果只專注自己的薪水，便再也沒有其他目的。也就是說，在工作中，除了得到一份薪水之外，沒有遠大理想，沒有高尚目標，不關心薪水以外的任何東西，那麼妳的能力就無法提升，經驗也就無法豐富，機會也就無法垂青於妳，成功也就與妳無緣了，那妳無異於在自掘墳墓，自毀前程。

切記：世界上最卑微的人，就是那些只為了薪水而工作的人。如果一位女性 20 幾歲時就開始輕視自己的工作，而且做得很簡陋，那麼她決不會尊敬自己。薪水袋中區區之數的取得，只是工作的最低動機。儘管這可以使妳獲得麵包，但除此之外，妳還應該有高尚的追求，要做一個正直的人，要盡最大的努力去做那最正確的事。

保持自我本色

充滿自信地在他人面前展現一個本色的自我吧，不必為了討好他人而刻意改變自己，盡力成就真實的自我，用妳的坦誠贏得他人的坦誠，以自信的步伐行進在人生的路上——這才是

人生的真諦。

下面的故事，或許會帶給我們一些啟發：

從小就十分敏感和靦腆的李女士，身材一直很胖，而且臉部看起來比實際上還要胖。她的母親十分古板，在母親看來，穿漂亮的衣服是一件很張揚並且愚蠢的事。為此，李女士從來都不參加別人的聚會，也很少快樂過。上學的時候，她很少和其他孩子一起到戶外活動，甚至不願意上體育課。她很害羞，覺得自己與其他人不一樣，完全不討人喜歡。

長大之後，她嫁給一個比自己年長的男性，可是她並沒有多大的改變。丈夫及家人都很友善，充滿了自信。這正是她所希望的那類人。她盡最大的努力使自己能和他們融為一體，可是卻無法做到。他們為了使她變得開朗而做的每一件事情，都使她更加不自在。她變得異常緊張，開始迴避所有的朋友，甚至緊張到害怕聽見門鈴聲。她總認為自己是一個失敗者，卻又害怕丈夫發現這一點。所以在每一次的公開場合，她都假裝十分開心，結果反而做得很不得體。李女士常常為自己的過失而後悔不已，有時候甚至沒有了活下去的勇氣——她想要自殺。

是什麼東西改變了這個痛苦女人的生活呢？原來不過是一句隨口說出的話。

有一天，婆婆談到自己是怎樣教育孩子時，說道：「無論如何，我總是要求他們保持自己的本色。」「保持自己的本色」，就是這句話啟發了李女士。剎那間，李女士突然發現自己之所以如此苦惱，就是因為一直試圖讓自己生活在別人的目光和影響下。

她說：「一夜之間似乎我的人生整個改變了。我開始思考如何保持自己的本色，試著總結自己的個性；我發掘自己的優點，並開始研究色彩和服飾方面的問題，按照適合自己特點的方式穿衣服；我主動地去交朋友，還參加了一個社團——一個很小的社團。第一次參加活動把我嚇壞了。但每一次發言，都使我增加了一份勇氣。儘管它花費了我很長的時間，但卻帶給我許多快樂，而這些快樂都是以前我想都沒敢想到的。後來，當我在教育自己的孩子時，我經常將自己從這些痛苦中學到的經驗告訴他們，讓他們牢記，無論如何都要保持本色。」

　　「如何保持自己的本色，這問題像歷史一樣古老，也像人生一樣的普遍。」詹姆斯·季爾基博士說，不願意保持自己的本色，包含了許多精神、心理方面潛在的原因。安古爾·派克在兒童教育領域曾經寫過數本書和數以千計的文章。他認為：「沒有比總想模仿其他人，或者做除自己願望以外的其他事情的人更痛苦的了。」

　　美國素凡石油公司人事部主任保羅曾經與 6 萬多個求職者面談過，並且曾出版過一本名為《求職的六種方法》。他說：「求職者最容易犯的錯誤就是無法保持本色，不以自己的本來面目示人。他們無法完全坦誠地對人，而是說出一些自以為你想要的回答。」可是，這種做法毫無裨益，沒有人願意聘請一個偽君子，就像沒有人願意收假鈔票一樣。

　　著名女心理學家瑪麗曾談到那些從未發現自己的人。在她看來，普通人僅僅發揮了自己 10% 的潛能。她寫道：「與我們可以達到的程度相比，我們只能算是活了一半，對我們身心兩方

面的能力來說，我們只使用了很小一部分。也就是說，人只活在自己體內有限空間的一小部分裡，人具有各式各樣的能力，卻不懂得如何去加以利用。」

妳我都有這樣的潛力，因此不該再浪費任何一秒鐘。在這個世界上妳是一個全新的個體，以前從未有過，從開天闢地一直到今天，沒有一個人和妳完全一樣，以後也絕不可能出現。遺傳學揭示了這樣一個祕密，妳之所以成為妳，是妳父親的 24 個染色體和妳母親的 24 個染色體在一起相互作用的結果，48 個染色體加在一起決定妳的遺傳基因。「每一個染色體裡，」據研究遺傳學的教授說，「可能有幾十個到幾百個遺傳因子——在某些情況下，一個遺傳因子都能改變一個人的一生。」毫無疑問，我們就是這樣「既可怕又奇妙地」被創造出來的。

也許妳的母親和父親注定相遇並且結婚，但是生下孩子正好是妳的機會，也是 30 億分之一。也就是即使妳有 30 億個兄弟姐妹，他們也可能與妳完全不同。這是推測嗎？不是，這是科學事實。

妳應該為自己是這個世界上全新的個體而慶幸，應該充分利用自然賦予妳的一切。從某種意義上說，所有的藝術都帶有一些自傳體性質。妳只能唱自己的歌；只能畫自己的畫；只能做一個由自己的經驗、環境和家庭所造成的妳。無論好壞，都得自己創造一個屬於自己的小花園；無論好壞，都得在屬於妳生命的交響樂中演奏自己的小樂器。

千萬不要模仿他人。讓我們找到自己，保持本色。

失敗只是生活的一部分

誰都不喜歡失敗，因為，失敗會讓妳的人生受到重創。不過，一生順利，沒遇到失敗的人，恐怕是少之又少。

幾乎所有人都存在談敗色變的心理。然而，若從不同的角度來看，失敗其實是一種必要的過程，而且也是一種必要的投資。數學家習慣稱失敗為「機率」，科學家則稱之為「實驗」，如果沒有前面一次又一次的「失敗」，哪裡有後面所謂的「成功」？

正確看待失敗，將失敗看作是邁向成功的階梯。任何成功都包含著失敗，每一次失敗都是通向成功不可跨越的臺階。有志氣、有作為的人，並不是因他們掌握了什麼走向成功的祕訣，而恰恰在於他們在失敗面前不唉聲嘆氣、不悲觀失望。成功與失敗並沒有絕對不可跨越的界限，成功是失敗的盡頭，失敗是成功的黎明。失敗的次數愈多，成功的機會亦愈近。成功往往是最後一分鐘來訪的客人。妳做一件事情失敗了，這意味著什麼呢？無非有三種可能：一是此路不通，妳需要另外開闢一條路；二是某處故障作怪，應該想辦法解決；三是還差一兩步，需要妳做更多的探索。這三種可能都會引導妳走向成功。失敗有什麼可怕呢？成功與失敗，只有相隔一步。即使妳認為失敗了，只要有「置之死地而後生」的心理態度、自信意識，還是可以反敗為勝的。有人說，過分自信也會導致失敗，但所否定的只是「過分」，而不是自信本身。如果妳不是怕丟臉，怕別人說三道四，那麼失敗傳遞給妳的資訊只是需要再探索，再努力，而不是妳不行。

　　失敗也是對人的意志的嚴峻考驗。不明智的人，在成功面前就會驕傲自滿；清醒的人，在失敗面前更能鍛鍊自己的意志。我們在逆境中的表現是我們成熟與否和氣質優劣的最好考驗。真理在燧石的敲打下閃閃發光，失敗就是錘煉人意志的燧石。那些獻身於人類偉大事業的創造者，在接連不斷的挫折和失敗面前，不但沒有被壓倒，反而變得更加堅強，表現出了堅定不移、向著既定目標前進的英勇氣概。

　　失敗是生活中的一個組成部分，是有所進取、求變創新和參與競爭的過程中的一個正常的組成部分。只要進取，就必然會有失誤；只要還活著，就絕不是徹底失敗！失敗有什麼可怕呢？物競天擇，優勝劣汰，在這個天平上，失敗總是傾向害怕失敗的人。

　　強者與弱者，如果是從實力上對照比較，那麼弱者還有可能揚長避短，巧用心計，戰勝強者；如果是從心理態度上區別較量，就是缺乏自信、害怕失敗的弱者必然失敗，有時甚至會被某種假像和錯覺嚇倒。

　　成功者不一定具有超常的智慧，也大多沒有特殊的機遇和優越的條件，更不是沒有經歷過挫折、艱難與失敗的人。相反，成功者大都是歷經坎坷、命運多舛，是能在不幸的境遇中奮起前行的人。而且也不可否認，對成功者來說，處境的艱險、失敗的打擊和對於新事物沒有經驗、把握，也會帶給他們相對的困擾、憂慮、苦惱和煩躁不安的情緒。但成功者不怕這些艱難，不會被困苦的處境壓垮。成功者最可貴的信念和本事是轉壓力為動力，從荊棘中開闢新的成功之路。

在人生的旅途上，我們必須以樂觀的態度來面對失敗，因為在人生之路上，一帆風順者少，曲折坎坷者多，成功是由無數次失敗構成的。正如美國通用電氣公司創始人沃特所說：「通向成功的路就是——把你失敗的次數增加一倍。」

失敗就像一條河，不怕河中的滔天巨浪，不怕在渡河中淹死，才可能游到成功的彼岸。人們讚美游到彼岸的成功英雄，卻容易忘記在失敗的大河中泅渡的必要。

失敗是對一個人人格的考驗。在一個人除了自己的生命以外，一切都已喪失的情況下，內在的力量到底還有多少？沒有勇氣繼續奮鬥的人，自認失敗的人，那麼他所有的能力，便會全部消失。而只有毫無畏懼、勇往直前、永不放棄人生責任的人，才會在自己的生命裡有偉大的進展。

世界上有無數人已經喪失了他們所擁有的一切東西，然而還不能把他們叫做失敗者，因為他們仍然有不可屈服的意志，有著一種堅忍不拔的精神。

對於沒有遇過大失敗的人，有時反而不知道什麼是大勝利。一般來說，失敗會帶給勇敢者果斷和決心。

失敗和痛苦是上帝和每一種生物溝通，並指出錯誤時所使用的語言。動物在聽到上帝的這些話時，可能會變得膽怯，致使它們逃避所有可能的威脅。

但妳在聽到上帝的這些話時，應該變得更為謙虛，以期學到智慧和體諒。妳應該了解，妳開始邁向成功的轉捩點，通常是由失敗所標明。

有了這種認知之後，妳就不必再將挫折看成是失敗，而應

把它看成是一個暫時性的，而且可能會帶給妳好運的事件。

健身的人都知道，只是將啞鈴舉起來是沒有用的。練習者必須在舉起啞鈴之後，以比舉起時慢很多的速度，將啞鈴放回舉起前的位置，這種訓練稱為「阻力訓練」，它所需要的力量和控制力比舉起啞鈴時還要大。

失敗就是妳的阻力訓練。當妳再度回到起點時，謹慎為之，並將注意力集中在過程上。利用這一方法，可使自己得到訓練，當妳再次出發時，就能有非常大的進步。

其實，妳可以在壓力面前保持幹練

讓生命負重，好像是一種災難，其實是一種幸運。

女孩乙與女孩甲一起進了政府某部門同一個辦公室。女孩乙出身鄉下，為人老實而踏實；女孩甲自幼在城市長大，為人圓滑，善於人際關係。剛開始，兩人分別做著分配給自己的那份工作，都做得很努力，也做得很不錯。不久，女孩乙發現主任竟把一些本屬於甲的工作分給自己做，自己每天忙得像個陀螺，轉個不停，而甲卻無所事事。後來，她聽別人說，甲的父親同辦公室主任關係密切。她雖心裡不快，但想了想，最終忍氣吞聲，繼續做著。

但到後來，事情越來越出格，女孩乙每天要做的事越來越多，幾乎把甲的工作全做了，每天要加班到很晚，而甲卻到辦公室報到就走了。女孩乙覺得自己像一頭老黃牛，背負的東西

越來越重，她終於忍無可忍，請了假回到鄉下。鄉下的父親聽了女兒的訴苦，反而高興地說：「真的，妳一個人能把兩個人做的事都做了？」

「壓力大得要死，整天累得要死，薪水又不多拿一份，有什麼好高興的？」女兒沒好氣地說。

父親沒有說話，隨手拿了兩張紙，使勁扔出一張，那紙飄飄搖搖落在前面，然後老父親又從地上撿了一塊石頭包進另一張紙裡，隨手一扔就扔出很遠。「孩子，妳看石頭重嗎？可加了石頭的那張紙卻扔得遠。年輕人多做點事，肩上壓重點的擔子，能鍛鍊人，是好事！」

聽了父親的話，女孩乙恍然大悟，回公司仍做著原來的工作，而且更加積極、主動，無論是主管讓她做什麼，她都表現得相當幹練。不久，她一個人做兩個人的事竟也能做得得心應手。

一年之後，部門進行優化組合，女孩乙升遷辦公室主任，而甲卻被開除了。

生活中人們往往容易陷入一個迷思：盲目地羨慕輕鬆、舒適、沒有壓力卻有著高回報的工作，可是市場經濟時代還有這種工作嗎？也有人希望自己的一生輕鬆自在、愉快無憂，沒有痛苦和磨難，甚至連困難也沒有，可是又有誰會有這樣的「幸運」呢？難道沒有壓力和困難的人生就是幸運的嗎？

有這樣一則寓言：有兩艘新造的船準備出海，一艘船上裝了很多貨物，另一艘船卻什麼也不肯裝。它對裝滿貨物的船說：「老兄，你可真傻，裝那麼多東西壓得多難受呀，你看我一身輕

鬆，多自在啊！」

裝滿貨物的船說：「作為船，我們本來就是要裝貨的，什麼也不裝，那還叫船嗎？」

出海的時間到了，它們都駛上了自己的行程。剛開始海上風平浪靜，那艘空船得意洋洋地行駛在前面，它一再嘲笑後面那艘船的笨重。不久，大海上起了風浪。風越刮越猛，浪越來越高。裝滿貨物的船因為重心很穩，仍平穩地在風浪中穿行。而那艘空船卻被大浪掀翻，沉入海底。

人也是這樣，需要負重才能實現生命的價值，需要負重才能在人生道路上走得踏踏實實。

有一個女孩，父親很早就去世了，與她相依為命的只有癱瘓在床的母親。她既要照顧母親的生活，又要上學讀書，但在這種情況下，她竟然考上了世界前一百的大學。記者採訪時問她：「這麼重的擔子壓在妳肩上，妳受得了嗎？」她卻笑著說：「上帝把沉重的十字架掛在我的脖子上，那是因為：我馱得動！」

其實人的一生要背載很多東西，比如苦難，比如沉重的生活和繁重的工作。誰也不知道自己哪天會面臨哪些沉重的東西，並把這些東西扛在肩上風雨兼程地向前趕路。如果有些東西注定是我們無法逃避、必須面對的，我們不妨以一種積極的態度去面對。遭遇苦難時，肩挑重擔時不妨自豪地說一句：上帝把沉重的十字架掛在我的脖子上，那是因為我馱得動！

讓生命負重，人生才有壓力，有壓力才會產生前進的動力。生命因負重而走向成熟，也只有負重的人生才會收穫累累的碩果。讓生命負重，其實就是讓人在壓力下得到鍛鍊，增加

才幹。就像船，沒有負重的船會被大浪掀翻，就像心靈，沒有思想的心靈會飄浮如雲。

不要讓生活的壓力將妳壓倒。我們在漫漫旅途中既要頂住壓力堅持不懈地追求成功，也要在這個過程中感受快樂，在求知中享受生活，這樣我們的一生才是幸福的。

很多長期承受巨大壓力的人難以保持聚精會神，觀察能力減弱，經常遺忘正在思考或談論的事情，甚至剛進行一半就中斷了。他們的記憶範圍縮小，對非常熟悉的事物的記憶力和辨別能力下降，實際的反應速度減慢；彌補的嘗試可能導致莽撞的決策。這樣，他們在處理和認知事物時錯誤百出，做出的決策令人懷疑，頭腦沒有能力準確地估計現存的條件並預料未來的後果。對現實的判斷缺少效率，客觀公平的評判能力降低，思維模式變得雜亂無章，使肌肉放鬆、感覺良好的能力以及拋卻煩惱和焦慮的能力下降，幻想並加大壓力所帶來的病痛，健康快樂的感覺消失殆盡。

他們精神萎靡不振，有一種無法對外界事物或內心世界產生影響的感覺產生，人生目標已蕩然無存，興趣愛好成了過眼雲煙。這些反面影響是因人而異的，即使在遭受最大的壓力時，也很少有人表露全部症狀。嚴重的程度也是因人而異的，但這些症狀顯示了壓力對妳的影響。倘若妳意識到自己身上有任何上述症狀，證明妳正受到壓力的侵害，這是一個危險信號。我們面臨壓力時如果任由自己堆積煩惱，積存憂慮，再去汙染別人的情緒，那就是在破壞自己的人生，損害自己的處境。這種破壞和損害往往是嚴重的，多方面的，並帶有連鎖反

應，損害自己的身心健康的。

在一切對人不利的影響中，最使人頹喪、患病和短命夭亡的就是不良情緒和惡劣心境。相反，心理平衡，笑對人生，特別有利於身心健康。

我們應該明白：在我們的人生道路上，不如意的事十有八九。在處理壓力時，如果心緒不佳，被自己的一時情緒所支配，就很容易丟失一個又一個鍛鍊自己的機會。記住，控制自己的情緒，正視壓力的影響，不要讓壓力擊垮自己。

生命歷程中充滿許多未知，等待我們去面對、去克服、去占領，勇氣、耐力、淵博的知識以及生活的歷練都將成為我們走向美好未來的鋪路石。我們的明智之處在於，把壓力變成無窮的動力，永遠保持幹練的精神狀態，推動我們走向夢想的領地。

做事要有始有終

華人有許多優秀的傳統和行為規矩，譬如家庭私塾教子弟寫字，無論有什麼事打擾，也不准寫字只寫一半。即使這個字寫錯了，準備塗掉重寫，也要將它寫完。其中的寓意在於教育孩子從小養成善始善終的好習慣，將來做事才不會半途而廢、輕易放棄。

在日常工作中，每個人都有一些未完成的工作——未縫完的衣服，未寫完的稿件等等。那麼請將它們找出來整理整理，

靜下心來繼續完成它們。妳會發現，一旦完成，妳會覺得非常快樂。未完成時它們不過是些廢物，而妳在付出一半甚至更多的心力完成後，它們都將變成漂亮的成品和值得驕傲的成果。許多事情並非我們無法去做，而是我們不願意繼續做。多付出一分心力和時間，就會發現自己其實有許多潛在的力量。

20 幾歲的時候，就要告誡自己無論做任何一件事，都要有始有終，這樣妳才能在人生道路上獲得傲人的成績。

世間最容易的事是堅持，最難的事也是堅持。說它容易，因為只要願意做，人人都能做到；說它難，因為真正能夠做到的，終究只是少數人。成功在於堅持，堅持到底就是勝利。任何成績的取得，事業的成功，都得益於人們不懈的努力和執著的探索追求；淺嘗輒止，一曝十寒，朝三暮四，心猿意馬，只能望著成功的彼岸慨嘆，只能兩手空空。勝者的生存方式就在於，能夠堅持把一件事做下去，積跬步以成千里，匯小河以成江流。

在奔向成功的路上，我們會遇到許多挫折，會面臨著許多意想不到的挑戰。這時我們應該怎麼辦呢？成功學家們考察了那些具有傑出的個人品格並取得巨大成功的人，得出了下面的結論：能夠把一件事堅持做下去，是所有成功者共同擁有的積極心態。

人的一生不可能一帆風順，多多少少總會有一些坎坷和波折。世界上之所以有強弱之分，究其原因是前者在接受命運挑戰的時候說：「我會堅持下去。」

後者說：「算了，我承受不住。」

　　堅持下去，已經成為所有卓越人物的共同點，成為他們生活中的一個基調。每一個成功的人，在確定了自己的正確道路後，都在不屈不撓地堅持著，忍耐著，直到勝利。成功者認為「唯有埋頭，乃能出頭」。這是作家羅蘭在《羅蘭小語》中寫的至理名言。她還說：「急於出頭的，除了自尋煩惱之外，不會真正得到什麼。像一粒種子，你要它長大，就必須先經過在泥土中掙扎的過程。不肯忍受被埋沒的苦悶的話，暴露在空氣中一段時期之後，就會永遠地完了。」波斯作家薩迪在《薔薇園》中寫道：「事業常成於堅持，毀於急躁。我在沙漠中曾親眼看見，匆忙的旅人落在從容者的後面；疾馳的駿馬落後，緩步的駱駝卻不斷前進。」可見，堅持對於一個人成就事業是相當重要的。

　　20 幾歲的時候，如果妳想獲得更大的成功，就不要輕言放棄，如果妳想做好一件事，就要堅持下去，相信妳終會為妳的成功畫上滿意的句號。

揮霍浪費是人生大敵

　　美國有位作家以「你知道你家每年的花費是多少嗎」為題進行調查，結果是近 62.4％的百萬富翁回答知道，而非百萬富翁則只有 35％知道。該作家又以「你每年的衣食住行支出是否都根據預算」為題進行調查，結果竟是驚人的相似：百萬富翁中編列預算的占 2/3，而非百萬富翁只有 1/3。進一步分析，不作預算的百萬富翁大都用一種特殊的方式控制支出，亦即造成人為

的相對經濟窘境，如將一半以上的收入先作投資，剩餘的收入才用於支出。

這是巧合嗎？不是的！這正好反映了富人和普通人在對待錢財上的區別。節儉是大多數富人共有的特點，也是他們之所以成為富人的一個重要原因。他們養成了精打細算的習慣，有錢就拿去投資，而不是亂花。

許多年輕女孩往往把本來應該用於發展她們事業的必備資本，用到逛街、舞廳、戲院等無聊的地方。如果她們能把這些不必要的花費節省下來，時間一久一定大為可觀，為將來發展事業奠定一定的經濟基礎。

不少年輕女孩一踏入社會就花錢如流水，胡亂揮霍，這些人似乎從不知道金錢對於她們將來事業的價值。她們胡亂花錢的目的好像是想讓別人誇她一聲「闊氣」，或是讓別人感覺她們很有錢。

有些人收入不高，但花起錢來可真是愚蠢之極。她們會為了買只有富人才買得起的小古玩和衣服，把所有的錢都花光，但等到想做點事情時卻身無分文。

存下每個月賺來的辛苦錢，先撇開暫時的物質誘惑，為妳的長遠目標努力。開始時妳可能會毫無收穫，一段時間後必能滿載而歸。

本來只有 3 萬元的收入，但每月都會支出 10 萬元，還理直氣壯地說是為經濟作貢獻──「推動內需」；本來沒有購物需求，也沒有必要，但一旦進了購物中心大門，便再也按捺不住刷卡的衝動；本來衣食並不寬裕的家庭供妳上了大學，但妳與

其他同學一起每週必醉，每週必卡拉 OK，瘋狂地泡酒吧，上網聊天等，於是一個月內幾乎花掉一個學期的生活費。

人骨子裡都有享樂的本性，享樂起來，也忘了自己的經濟實力是不是允許，這是十分危險的。

節儉不僅適用於金錢問題，而且也適用於生活中的每一件事，從合理地使用自己的時間、精力，到養成勤儉的生活習慣。節儉意味著科學地管理自己和自己的時間與金錢，意味著最明智地利用我們一生所擁有的資源。

節儉不僅是累積財富的一塊基石，也是許多優秀品格的根本所在。節儉可以提升個人的品性，屬行節儉對人的其他能力的培養也有很好的幫助。節儉在許多方面都是卓越不凡的一個標誌。節儉的習慣顯示人的自我控制能力，同時也證明一個人不是其欲望和弱點的不可救藥的犧牲品，他能夠支配自己的金錢，主宰自己的命運。

我們知道一個節儉的人是不會懶散的，他有自己一定的規則。他精力充沛，勤奮刻苦，而且比起那些奢侈浪費的人更加誠實。

節儉是人生的導師。一個節儉的人勤於思考，也善於制定計畫。他有自己的人生規畫，也具有相當大的獨立性。

如果養成了節儉的習慣，那麼就意味著妳具有控制自己欲望的能力，意味著妳已開始主宰自己，意味著妳正在培養一些最重要的個人品格，自力更生、獨立自主，以及聰明機智和獨創能力。換而言之，這代表妳有追求，妳將會是一個有卓越成就的人。

脆弱無法扭轉不幸

　　脆弱的人一旦遭遇挫折，芝麻大的事就像天塌了一樣，內心難以承受。還有一個重要的特點，他會可憐兮兮地尋求同情，一旦別人不理會或不重視的話，又覺得自己很可憐，沒有人關心他。

　　「我高中一畢業就得工作，賺錢養家」，「我完全沒有辦法」，「我小時候得了小兒麻痺，我沒辦法和平常人一樣走得那麼好，你不可能希望我找到什麼好工作」，「我漸漸老了，我沒辦法阻止生活變得單調枯燥」，「不能期望我什麼」和「無論怎麼樣，我都無能為力」，都是脆弱的人們自憐的托詞。他們還有些別的類似行為，諸如老是談自己碰到的問題，或一直想著自己的困擾，時時想贏得別人的同情。「沒有人知道我的苦衷」，是脆弱的人最普遍的回應。

　　事實上，每個人在生活中都會碰到許多實際的困擾，並不是人們對任何事情都漠不關心，不理不睬的，確實有些人的遭遇是令人同情的。很多人成了環境的犧牲者，譬如，有些人生了病，有些人失去了所愛的人，有些人失去了棲居之所或工作，有些人有生理上的缺陷，而有些人運氣不好等等。

　　妳不能因為他們稍微對自己有一點自憐就責備他們，不能因為他們有時承受不了痛苦而向妳發出同情的召喚就可憐他們。

　　脆弱的人，整天可憐兮兮引起的第一個問題就是打擾別人。別人可能會暫時同情妳一下，但遲早會覺得厭煩。親朋好

友可能會一直陪伴在左右，但妳很容易看出來，這都是出於義務。別人則可能開始逃避這些老是自嘆倒楣的人，因為和他們講話實在太沉悶了，而且對他們也沒什麼好處。

　　人們討厭聽自憐的話並不是因為無情，他們只是對事實作出反應而已。這項事實正是自憐引起的第二個大問題——自憐等於把自己趕進一條死路。它只會讓人呆呆地想：「我為什麼會這麼倒楣呢？」而不去找一條最好的生路。

　　因為脆弱的人對一切事情都抱著無助和被動的態度，所以自憐才得以繼續存在，並得到增強。

　　事實上，我們無論遇到多麼糟糕的情況，遭受多麼大的痛苦，也不要去做可憐的「祥林嫂」。喋喋不休地向人訴苦，不僅無法減輕自己的痛苦，反而會增添別人對自己的厭煩。打掉牙向肚裡咽，一定要懂得忍受痛苦和善於擺脫災難的打擊，這才是強者的風範。隨便自憐或向人訴苦是軟弱的表現，只會顯現出自己的窩囊，並且讓自己喪失正常生活的理智和勇氣，不管生活多麼困難，還是多麼悲傷，都應該趕快收起自己的哭喪臉，馬上換一副快樂的笑臉。要學著微笑生活。

　　沒有一個人能夠順利地經歷生活而不遇到各式各樣的麻煩。實際上，幾乎沒有一天我們可以不必對付大大小小的各種麻煩和種種不安。既然麻煩和不安常常存在，重要的是我們怎樣對付它們。也許，對這一問題的最好忠告是，「麻煩沒來惹妳，別去自找麻煩」。

　　有些人特別喜歡多愁善感。總愛對呈現在眼前的事實下一個可怕的結論。他們看報紙，然後肯定地說，下一場戰爭不可

避免，而且為期不遠了。

如果他們有消化不良的毛病，那麼他們就會斷定這是一種尚未弄清，且不可救藥的疾病。他們看看天氣，只會發現雪、雨、霧和風暴之類的預兆。

妳現在必須問問自己，妳和這種類型的人究竟有多少程度的相似。妳也許會立即否認，妳根本不是一個「幸福的苦惱人」。那麼，讓我們以另一種方式來問這個問題吧。妳是否常常覺得心灰意冷？妳是否經常覺得一切都是在浪費時間？有時，妳是否會有一種模糊的感覺，即某種不吉利的事將要來臨了？如果對於這些問題，妳都一律做肯定的回答，那麼，現在是覺醒的時候了，妳再也不應當自尋煩惱了。

首先，應該仔細觀察一下妳的身體，因為煩惱也許正是妳孱弱的身體造成的。即使各種麻煩確實存在，身體健康的人也是能夠對付的。

其次，重新思量一下妳的生活方式。如果妳是那種常常待在家裡而不願外出的人，那麼擺脫這種狀況振作起來吧。出去走一走轉一轉，結識形形色色的人，參加舞會，看戲，聽音樂會，出席各式各樣的娛樂活動。盡情地享受豐富多彩的生活吧，不要悶悶不樂地讓時光流逝。反之，如果妳天天晚上外出，瘋狂地尋求快樂，那麼不妨試著在家裡待上幾個晚上，放鬆一下，讀幾本書，從事一兩種消遣活動或手藝，要盡量在一種更寧靜的生活方式中找到安靜。

生活中的許多不幸，都可以透過找到一種正常的生活方式而加以克服。這種生活是工作和娛樂的有機結合。確實，只工

作不玩耍，聰明孩子也會變傻；同樣，只玩耍不工作，聰明孩子也會變成沒有目標的浪子，一個沒有任何追求的人。

對生活應該採取積極樂觀的態度。對於無法改變的事物，不要終日愁眉不展。如果是一個下雨的日子那麼就是一個下雨的日子，任何牢騷、抱怨都將無濟於事。

當妳能夠正視生活的本來面目，既不透過一層浪漫的霧靄，也不帶著悲觀的目光來看它時，妳就取得了很大的成績，並且朝著更加吸引人的個性向前邁進了一大步。這將對妳的朋友們產生怎樣的影響呢？如果妳總是把臉繃得緊緊的，那麼他們將迴避妳，而不和妳做伴；但是當妳開始微笑的時候，他們將首先注意到這一點，並且會歡迎妳加入到他們中間去。這本身就將使妳更加幸福，更加滿足。

人，總會有脆弱的時候。

其實，哭泣，也只是脆弱的一種。脆弱，並不只是碰觸得到的悲傷。脆弱，就是在心底，總會有那麼一塊，最柔軟的角落。平時，可能不會輕易被碰觸到，但，請相信它的存在，就是那一瞬，整個人會莫名其妙地溫柔起來。

碰觸到妳的脆弱的，可能是一首歌曲，可能是一段文字，可能是一截回憶，可能是一張照片，可能是一通電話，可能是擦身而過的一隻貓咪，甚至可能，是花開的一瞥。

喝咖啡的時候，會覺得自己變得很柔軟，再緊繃的神經，都放鬆下來。捧著燙燙的玻璃杯，抿一小口，暖暖的，不只是嘴裡，還有臉頰，也被混著淡淡香味的水汽薰熱了。這時候，什麼都不想理會，只想把自己縮成小小的一團，靜靜地蜷在只

有自己的世界裡。

　　讓自己不安的情緒及時得到宣洩，得到調節，不要一味地被脆弱占據內心，被脆弱的心靈擊倒。

不要做「淚人兒」

　　在闡述男性與女性間的不同時，人們常說的一句話是：女人是感性的，男人是理性的。

　　這句話雖然有些絕對，但也不無道理。因為無論是在職場上，還是在情場中，大多數的女性在處理事情時似乎總是感性多於理性。

　　有時，就是因為女性本身的感性，所以她們獲得了與男性不一樣的靈感和收穫；然而，當女性不合時宜地表現出過分的感性時，就變成了一種情緒化的反應，不僅會讓周圍的人無所適從，亦會對其自身造成不可避免的損失。

　　其實，紅男綠女生存於現實中，壓力可謂無處不在。即便沒有壓力，壞情緒也會不分時間、地點、人物、事件地忽然而來。所以，無論男女都會有發脾氣、掉眼淚的時候，這無可厚非。

　　但是，在大多數情況下，相對於男性而言，女性似乎更容易「鬧情緒」——

　　據說，情緒化為女性的第四性徵。

　　據說，「晴時多雲偶陣雨」，就是為形容女性的情緒化而專門發明的。

　　據說，「女人一生氣，商場就發笑」，因為有相當比例的女子有情緒消費傾向，一不高興，就用瘋狂購物來發洩。

　　據調查，有七成女性認為自己「是一個情緒化的人」。而在被問及「鬧情緒是因何而起」時，有 1/4 的人回答是由「職場壓力」帶來。

　　臺灣做過一項類似的調查也顯示，女人每天都會生氣的對象是同事。

　　在無形之中，職場似乎成了女人的情緒發洩地，而情緒化的女人在職場之中也往往被貼了「不夠成熟」的標籤。

　　許多男人對於職業女性的看法是：她們不懂得控制自己的眼淚和脾氣，總是過於直接地表達自己的情感。這使得一些男人感到不舒服，並因此而瞧不起女人，認為女人無法自我管理，控制不好自己的情緒，因而所做的決定是不值得信任的。

　　當然，這種看法有些片面和絕對，大部分女性並不會因為自己過於激烈的情緒反應而影響到自己的工作，她們往往會在發洩完情緒之後，以更加昂揚的姿態投入到工作當中。

　　但無論如何，女性過於強烈或者稍顯頻繁的脾氣和哭泣的確會為周遭的人帶來很大的壓力，更會因此被歸結為心理承受力差和性格軟弱，認為其經不起大風大浪的侵襲，難以擔當重責大任，最終對其事業生涯造成極大的影響。

　　這種情緒化的反應，可以說是職業女性最容易出現的一大弱點。據調查，有 80% 的人認為，性別已經不再是制約女性晉

升和發展的瓶頸，而她們職業發展的最大障礙，則是性別帶來的種種性格上的弱點，情緒化無疑正是其中很重要的一點。

事實上，只要是人，就難免有情緒，特別是被稱為「情感動物」的女人，在表達自己的感情時，往往比男性更為直接，這對她們的健康來說顯然是比較好的。

但值得注意的是，如果妳總是把妳所習慣的緩解方式——發脾氣或掉眼淚，和工作夾雜在一起，那麼，長期下來，不僅妳的上司或老闆會反感，恐怕妳的同事也會瞧不起妳。

妳必須清楚地知道，在一個以男性為中心的事業場上角逐，女人要建立個人的工作風格，既不太男性化——冷酷、倔強、果斷、積極進取，也不太女性化——柔弱、情緒化、被動、猶豫不決，這並非一件容易的事。

實際上，在事業上獲得真正成功的女性大都不會整天繃著一張臉，也不會焦躁地走來走去，更不會遇事只會以發脾氣或掉眼淚來應付，這樣一來，不但於事無補，還會給別人留下批評或嘲笑的把柄。

也正因如此，美國職場顧問蘿琳在《女強人手冊》一書中不斷提醒女性，哭沒有什麼不妥，但如果想在職場上表現得宜，「一定要學會控制自己的眼淚。」

也就是說，如果想大聲哭、想大發雷霆，妳當然有權利這麼做。但是，假如妳有心要成就一番事業，就千萬不要被別人看穿妳的底牌，要學會控制情緒，不要亂發脾氣，不要輕易掉眼淚，要勇敢地去面對失敗和壓力。

只有這樣，才能贏得同事和上司的認可，才能令一切工作

盡在掌握，才能為自己贏得那片深邃湛藍的事業天空！

　　現在，已有愈來愈多的職業女性開始懂得如何「偽裝」自己的心情、掩飾自己的表情。所以，不管有多努力、多累、或多生氣，「保持笑臉、放輕鬆」都是妳必須要學習的「功課」。

妳理財，財才會理妳

　　俗話說：「你不理財，財不理你。」作為社會經濟的組成個體，每個人都有著相對應的理財需求，因為每個人都希望過上幸福美滿的生活。不要以為每個月薪水不夠花就沒有理財的必要，認為理財是富翁的專利。這是對理財概念性的誤解。理財簡單來說就是開源節流，管理好自己的錢。有閒錢時學習投資理財，錢不夠用就反省自身，用理財知識來為自己省錢。

　　理財是無處不在的，人人都可以成為理財大師。因為理財不需要高深的知識，只是做加減法而已。

　　在很多女性心目中，覺得理財是男性的事。其實女性在理財能力上並不遜色於男性，也許由於天生的柔弱較男性少了一分魄力與勇氣，但女性的細緻、小心謹慎在理財問題上又勝出了一籌。

　　那些宣稱自己不會理財的女性是真的不懂理財嗎？其實不然，她們的問題是沒有一個正確的態度和觀念。她們要麼過於保守，甚至對理財心存恐懼，不相信自己的能力；要麼盲從偏信、人云亦云，不了解自己的財務需求，只是跟著別人進行理

財活動；更有甚者完全將自己的經濟自主權交給男友或丈夫，絲毫不考慮一旦感情生變，自己的情感和經濟狀況將陷入怎樣的雙重危機。

女性應該懂得理財。由於社會觀念的局限性，女性就業比男性要困難，拿高薪的機會也比較低，女性還往往要擔負養育後代的重任。如果沒有一點經濟頭腦，不善於管好自己的錢，就很容易陷入經濟危機。要讓自己生活得更好，一切盡在掌握中，就必須像關心自己的容顏一樣去關心錢，以護膚養顏的態度去理財，為自己營造一個安全的財務空間。

從現在開始調整自己的理財觀念，不要害怕自己什麼都不懂，一點基本的財務知識加上良好的理財習慣，再加上對理財足夠的重視，就可以擺脫跟在別人後面，亦步亦趨的被動局面。不要再做楚楚可憐的小女人，拿回妳的經濟自主權，做個獨立的新女性，讓屬於妳的金錢流動起來。

在美國學者喬治‧克拉森（George Clason）的《巴比倫富翁的10大財富祕密》（*10 Secret Of Babylon Nabob*）一書中，作者透過巴比倫第一富翁之口，向我們闡述了理財的七個祕訣：

- ◆ **第一條祕訣**：當你的錢袋裡有 10 塊錢時，最多只能花掉 9 塊錢。
- ◆ **第二條祕訣**：一切花費都須有預算，人們應當把錢花在正當的事物上面。
- ◆ **第三條祕訣**：使每一塊錢都替你賺錢，讓金錢源源不斷流入你的錢袋。
- ◆ **第四條祕訣**：投資一定要安全可靠，這樣才不會喪失財富。

- **第五條祕訣**：擁有自己的住宅。正如巴比倫國王用雄偉的城牆圍繞城市，有堅定發財意志的人一定有能力建立自己的家園。

- **第六條祕訣**：為了防老和養家，應該儘早準備必需的金錢。

- **第七條祕訣**：培養自己的力量，從學習中獲得更多的智慧，這樣就會有自信去實現自己的願望。

巴比倫富翁的七大祕訣告訴了我們什麼呢？讓我們來看看它的含義吧！

第一條祕訣可稱為「1/10」儲蓄法，其思想就是：不要讓支出大於收入。花掉的錢只能換來衣食，而存下的錢卻可以生出更多的錢。

第二條祕訣是教女人如何花錢，不要把支出和各種欲望攪在一起。預算使妳有錢購買必需品，使妳有錢得到應得的享受，也使妳不至於在對欲望的無限追求中弄得入不敷出。

第三、第四條祕訣是教女人投資以及怎樣投資。應該注意的是，在投資之前必須認識到其風險性——為求高利而冒險投機是不可取的。

第五條祕訣強調的是產業和財富對女人的成功有著巨大的積極意義。古語說：「無恆產則無恆心。」當女人擁有自己的家園和產業時，才會因自豪而珍惜，才會更有信心、更加努力。

第六條祕訣的實質是：為將來投資。在古代，通常的方式是把錢財埋藏起來，時至今日，女人已經有了更好的選擇：投資於多種保險事業。

第七條祕訣與前面六條不同，它討論的主題不是金錢，而

是金錢的主人。不是每個人都能賺到錢的，要做到這一點，妳必須有強烈的信念和欲望，必須不斷充實自己，必須不斷進步。

把這幾條祕訣運用到現實生活中，妳會發現，自己的經濟狀況不再是一塌糊塗，妳會發現原來管理自己的錢財也可以有這麼大的樂趣，而更重要的是生活品質的提高帶給妳的那份成就感。

養成儲蓄的好習慣。每月發薪後就將其中的一定數目，比如薪水的 20％ 存入銀行，從此決不輕易動用這筆錢，那麼若干年後這就將是一筆可觀的財富。如果不這樣做，這筆錢將很容易地被花掉，而且妳也不會感到生活寬裕多少，千萬不要等到月底看剩下多少錢時才來儲蓄。

學會精明地消費。由於個人收入水準、生活方式的差異，「精明」二字的解釋也各有不同，所以消費時千萬不要跟風。要記住，適合別人的不一定適合自己。記下妳花費的每一筆錢：三餐開銷、著裝打扮、交通費用、娛樂費用……分類記錄可以讓妳看清自己在消費上存在哪些不夠理性的地方。

有些冤枉錢可以不花，只有清楚這些，妳才能有的放矢地做好「節流」。

多種投資。女性對於需要冒險精神、判斷力和財經知識的投資方案總是有點敬而遠之——認為它太麻煩。但是當她們簡單地將錢存入銀行而不去考慮投資報酬和通貨膨脹的問題，或太過投機而使自己的財產處於極大的損失危險之中時，她們卻忽略了這將為她們帶來更大的麻煩。

擁有自己的居所。在大城市工作打拼，住所是生存的一大

難題。如果具備能力，且條件成熟，擁有自己的居所要比每月繳納高額租金划算得多。購買住房是一種建立終生資產的行動，所以應當深思熟慮。在採取任何獲得不動產的行動之前，都應當考慮好自己的資金支付能力和支付方式等問題。

學會未雨綢繆。為了應對意外的花銷，平時就要存出一項專門的應急款，這樣才不會在突然需要用錢時動用定期存款而損失利息。

把工作當作最好的投資。雖然操盤投資理財，不失為女性致富的一種途徑，但讓妳獲得財富並獲得成就感的還應該是妳的工作。畢竟，以工作表現得到高報酬，在工作職位上能不斷學習成長是一條最踏實穩健的投資理財之路。

當妳學會打理自己的財富，妳就會發現：妳所擁有的幼苗在逐漸長高、長大。錢能生錢，善於理財的人最能體會這一點。

金錢是一種可即刻伸縮的能源，讓它流動起來，那它就是妳的搖錢樹。理財能力決定了妳的收入。認識到這一點之後，我們應及早地開始理財鍛鍊，找到自己的搖錢樹。在妳小的時候，妳種下一粒樹的種子，它就會跟妳一樣逐漸成長。其實，在理財方面也是如此。

聖經中有這樣一句話：「永遠不要低估金錢的價值；永遠不要高估金錢的價值……善用金錢吧！」

身為一個積極看待人生的女人，不但要過好現在的每一分鐘，更要計劃好將來的每一秒鐘，不要以陳舊的觀念誤認為理財很難很複雜，其實只要擠出逛街十分之一的時間，拿出關注容顏十分之一的精力用於理財，妳就可以成為花得開心、賺得

舒心的聰慧女人，因為理財其實並不難。

　　快快行動起來，從現在開始學習理財，好好規劃妳的「錢」途，為了今天的美麗和明日的精彩！

第三章
不要自尋煩惱，讓快樂從「心」出發

世界並不完美，人生當有不足

在日常生活中，我們常見到這樣一種情況，有些人會因為某種瑕疵，而覺得異常痛苦。有人因為個子矮而自卑；有人因為眼睛小而心煩；有人因為肥胖而發愁……這些人往往只看到缺陷，而沒有發現瑕疵是完美的一部分。要求事事都盡善盡美，那是不可能的、不現實的。追求完美是我們進取向前的動力，但不能要求任何事情都完美無缺。

追求完美有時是一種好的現象，促使我們朝最好的方面發展，但是絕對完美的事物根本就不存在，因此，如果妳還在刻意地去追求完美的話，請放棄這種想法吧！

完美主義者在做任何事情之前，都無法克服自己追求完美的激情與衝動。她們想把事情做到盡善盡美，這當然是可取的，但她們在做一件事情之前，總是想使客觀條件和自己的能力也達到盡善盡美的完美程度然後才去做。因而，這些人的人生始終處於一種等待的狀態之中。她們沒有做成事情不是她們不想去做，而是她們一直等待所有的條件都成熟，因而沒有做，結果就在等待完美中度過了自己不夠完美的人生。

完美主義的人往往不願意接受自己或他人的缺點和不足，非常挑剔。有些女性沒有什麼好朋友，和誰也和不來，經常換部門，為什麼？那是因為她誰也看不上，甚至會因為別人的一些小毛病，而忽略了別人主要的優點。有些人不允許自己在公共場合講話時緊張，更不能容忍自己緊張時不自然的表情，一

到發言時就拼命克制自己的緊張，結果越發緊張，形成惡性循環。有些人不允許自己身體有絲毫不舒服，經常懷疑自己得了重病，經常去醫院檢查。其實，每個人都有缺點和不足，都會有緊張、不適的體驗，這是正常的表現，必須學會接受它們，順其自然。如果非要和自然規律抗拒，必然會愈抗愈烈。

完美主義的人表面上很自負，內心深處卻很自卑。因為她很少看到優點，總是關注缺點，總是不知足，很少肯定自己，自己就很少有機會獲得信心，當然會自卑了。不知足就不快樂，痛苦就常常跟隨著她，周圍的人也一樣不快樂。

世界並不完美，人生當有不足。留些遺憾，反倒使人清醒，催人奮進，是好事。沒有皺紋的祖母最可怕，沒有遺憾的過去無法連結人生。

人生確實有許多的不完美，但我們可以選擇走出不完美的心境，而不是在「不完美」裡哀嘆，當然，也不是去一味地追求所謂的完美。

當我們缺少一些東西時，往往會有更完整的感覺。一個擁有一切的人，在某種意義上講是一個窮人，他永遠不知道求助、希望和夢想的感覺，永遠沒有自己最想要的東西被愛他的人給予的經歷。

生活不是上天為了原諒我們而故意設下的陷阱，生活也不像拼寫遊戲，不管妳對了多少，錯了一個就不合格。生活更像棒球賽，即使最好的球隊也會輸掉 1/3 的比賽，最差的隊也有它輝煌的一天。我們的目的就是贏多負少。

缺憾也是我們的一部分，為了一點點缺憾而否定自己，實

在是一件很傻的事。只有不為缺憾耿耿於懷，我們才能好好享受生活。

下面這個例子是美國心理學家納撒尼爾·布蘭登（Nathaniel Branden）的親身經歷：在很多年前，正值花樣年華的洛蕾絲無意中讀了他的一本書，找他進行心理治療。洛蕾絲有一副天使般的面孔，可罵起街來卻粗俗不堪，她曾吸毒、賣淫。

布蘭登說：「我討厭她所做的一切，可我又喜歡她，不僅因為她的外表相當漂亮，而且因為我確信在墮落的表象下她是個出色的人。起初，我用催眠術使她回憶她在國中是個什麼樣的女孩子。當時她很聰明，學業成績優異，體育男孩強，惹來一些人的諷刺挖苦，連她哥哥也怨恨她。

於是她試圖在各個方面都表現得優人一等，一旦發現自己在某些方面並不完美甚至跟別人還有較大差距時，她又走向另一個極端，無限誇大了這些不完美之處，並把自己的長處也放棄了。」

布蘭登費了很大力氣讓她明白，每個人都是長短互濟、並不完美的整體，應該學會欣賞自己的不完美之美。

一年半後，洛蕾絲考取洛杉磯大學學習寫作，幾年後成為一名記者，並結了婚。10年後的一天，布蘭登和她在大街上邂逅相遇，他幾乎認不出她了：衣著華麗，神態自若，生氣勃勃，絲毫不見過去的創傷。

對於每個女人來講，不完美是客觀存在的，但無須怨天尤人，在羨慕別人的同時，不妨想想，怎樣才能走出迷思。或用善良美化，或用知識充實，或用自己的一技之長發展自己……

生命的可貴之處，在於看到自己的不足之處後，能坦然面對。

一篇很有意思的文章描述了「最完美的女人」需要具備的特點：義大利人的頭髮、埃及人的眼睛、希臘人的鼻子、美國人的牙齒、泰國人的頸項、澳洲人的胸脯、瑞士人的手、納維亞人的大腿、中國人的腳、奧地利人的聲音、日本人的笑容、英國人的皮膚、法國人的曲線、西班牙人的步態……即使是這樣也還不夠，還需要有「德國女人的管家本領、美國女人的時髦、法國女人的廚藝、韓國女人的溫柔……」

事實上，將所有這些「優點」放在一起，說不定還會很可怕。「金無足赤，人無完人」，女人又何嘗不是如此，所謂的完美不過是一些虛幻的想像而已。世上有很多優點，但絕不可能同時集中在一個人身上，更何況還有許多優點是互不相容的，甚至是相互矛盾的。

人生的確有許多不完美之處，每個人都會有各式各樣的缺陷。其實，沒有缺憾，我們便無法去衡量完美。仔細想想，缺憾其實不也是一種美嗎？

人生就是充滿缺陷的旅程。從哲學的意義上講，人類永遠不滿足自己的思維、自己的生存環境、自己的生活水準、這就決定了人類不斷創造、追求。沒有缺陷就意味著圓滿，絕對的圓滿便意味著沒有希望、沒有追求，便意味著停滯。人生圓滿，人便停止了追求的腳步。

大多數人都知道斷臂的維納斯塑像，她的斷臂當然不是雕塑家的初衷，而是從地下挖掘出來時無意中碰掉的，可是人們卻驚訝地發現她是如此地美。也許這種美恰恰就在於她的殘

缺——失去雙臂，這就是殘缺美。失去也是得到，有缺憾的地方正好留給人們廣闊的想像空間。沒有最好，只有更好，有志者總是在這樣的信念下追求著。要做到這一點，就要打開兩扇心靈窗戶，只開一扇窗戶，就會視野狹隘，使自己變得孤陋寡聞，只能看到比自己遜色的人；多打開一扇窗，眼前就會變得豁然開朗，不僅會欣賞到自然美景，而且還會接觸到智慧和才能比自己更優秀的人。

即使是中國古代的四大美女，也有各自的不足之處。歷史記載，西施的腳大，王昭君肩膀窄，貂嬋的耳垂太小，楊貴妃有狐臭。道理雖然淺顯，可當我們真正面對自己的缺陷、生活中不盡如人意之處時，卻又總感到懊惱、煩躁。

其實，完美的標準是相對而言的，因人的審美觀不同而不同，今天以肥為美，明天就可能以瘦為美。古人以腳小為美，如果今天有「三寸金蓮」走在大街上，路人肯定會笑掉大牙。

追求完美沒有錯，可怕的是追而不得後的自卑與墮落。即使缺陷再大的人也有其閃光點，正如再完美的人也有缺陷一樣。能夠充分發揮自己的長處，照樣可以贏得精彩人生。

最後，如果妳是「完美主義」者，建議妳變成「完成主義」者吧！不必在乎成果如何，也不要管別人的批評，只要開始行動就可以了。

不懂的事，不要去做

現實生活中，有很多人可能會礙於面子而不去承認自己不懂的事，可是妳要知道，「聞道有先後，術業有專攻」，每個人都有自己的專長，不可能每件事都很精通。

愈是愛表現的人，愈是無法精通每件事。20 幾歲的妳，應當學會和他人互相取長補短，別人比自己精通的地方就應不恥下問，即使是自己很精通的事，也要以很謙虛的態度來展現實力，這樣才能令他人信服。

在這個高度複雜的資訊時代，每個人所吸收的知識都不可能包羅萬象。若不以虛心的態度與人交往，如何能夠受到大家的歡迎？凡事都自以為是的人，必然得不到大家的尊敬。

不懂裝懂就是無知，不利於交際範圍的擴展。這樣的人在社會中恐怕永遠也不會受到歡迎，不懂裝懂和自作聰明的處事方式會毀掉一切剛剛起步的事業，使人們失去對妳的興趣和信任。

一個真正聰明的人會避免這種自我暴露的錯誤。凡事都要想好了再去做，不要不懂裝懂，那樣不僅會讓人看不起妳，而且會使妳的事業受挫。生活中，不怕一知半解，不怕一無所知，怕只怕不懂卻要裝懂。事實上，不懂裝懂本身就是一種無知的表現，它比無知更可怕。所以，對於妳不熟悉或者不擅長的事情，寧可躲遠一些，以免暴露自己的無知，勉強動手去做，只會自討苦吃。

孔老夫子說過：「人不知而不慍，不亦君子乎！」

這些話要告訴妳的就是，每個人都有不懂的事情，在妳不懂的事物面前，要勇於承認，不要自作聰明，勇於面對自己的無知才是真正的聰明。換言之，即使妳真有兩下子，也不要太出風頭，要藏而不露，大智若愚。也就是說，在待人處世中，不要賣弄自己的雕蟲小技。

那麼，如何做人才算是不賣弄自己的聰明呢？

不妨從以下三方面注意：

1. 學會隨眾

要在生活枝節問題上學會「隨眾」，蕭規曹隨，跟著別人的步履前進。美國的艾倫芬特在《小照相機》一書中有過這樣的心理測驗：

一個人走進一家醫院的候診室，他向四周一看，感到非常驚訝：每個人都只穿著內衣內褲坐著等候。他們穿著內衣內褲喝咖啡、閱讀報紙雜誌，以及聊天等。這個人起初非常驚奇，後來判斷這群人一定知道一些他所不知道的內情，於是20秒鐘之後，這個人也脫下外衣，僅著內衣褲，坐著等候醫生。

這種隨眾附和的做法，至少有兩大實際目的：第一，社會上的群居生活，需要大家互相合作。第二，在某些情況下，當妳茫然不知所措時，妳該怎麼辦？當然是仿效他人的行為與見解，從而發掘正確的應對辦法。

2. 不要讓人感覺妳比他人更聰明

如果別人有過錯，無論妳採取什麼方式指出別人的錯誤：

一個蔑視的眼神，一種不滿的腔調，一個不耐煩的手勢，都可能帶來難堪的後果。羅賓森教授在《下決心的過程》一書中說過一段富有啟發性的話：「人，有時會很自然地改變自己的想法，但是如果有人說他錯了，他就會惱火，更加固執己見。人，有時也會毫無根據地形成自己的想法，但是如果有人不同意他的想法，那反而會使他全心全意去維護自己的想法。不是那些想法本身多麼珍貴，而是他的自尊心受到了威脅……」

3. 貴辦法不貴主張

換一句話說，就是多一點具體措施，少一些高談闊論。年輕人，對於許多事情，總是喜歡發表主張。主張是對於某種事物的觀察所得，觀察分析才能有所得。所得能夠成為一種主張，當然是一件可喜的事情。但是，如果急於求得理解，一有所得，不看對象、不分場所，立即發表出來，往往是沒有什麼好處的。

少一點高談闊論，多一點具體的、切實可行的辦法。譬如，上司和同事或者朋友，希望妳幫助他辦某件事，妳可以拿出一套又一套的辦法，第一套方案，第二套方案，總之，妳千方百計把問題解決了，這比發表「高見」，不是有意思得多嗎？不說空話，而又能做成實事，妳將帶給別人一種沉穩的成熟者的形象。

做人處世都要有種原則，就是不要把別人都看成是一無所知的人。其實，我們周圍的人，和妳一樣，都各有主張。多數人都不喜歡採納別人尤其是下屬的主張，因為這往往會被認為有失身分，有損顏面。如果我們把同事都看成是庸才，只有自

己有真知灼見，於是在一個團體內，多發主張，結果被採納的百分比，恐怕是最低的，而且很可能是最先被淘汰出局的人。

世上沒有一個人敢說自己是無所不懂的，這是因為「懂」是相對的，是對某一具體的方面、具體的人而言的。妳在一方面懂得很多，而在另一方面懂得卻很少。所以，聰明還是不「聰明」並不是什麼做人的資本，反而是有沒有「心機」的表現，根本不值得賣弄。

坦然承認「不知道」

古希臘著名哲學家蘇格拉底講過：「就我來說，我所知道的一切，就是我什麼也不知道。」以最簡潔的形式表達了進一步開闊視野的理想姿態。可以說，至今仍有很多人信奉這句蘇氏名言。無論妳多麼偉大，無論妳多麼有才能，妳也有妳不知道的地方，說不知道並不就意味著妳無能，反而在勇敢承認的同時妳獲得了更多的稱讚。

有一位學問高深、年近八旬的老婦人。她原是大學教授，會講五種語言，讀書很多，詞彙豐富，記憶過人，而且還經常旅行，可以稱得上是見多識廣。然而，人們從未聽到過她賣弄自己的學識或對自己不了解的事情假裝知道。

遇到疑難時，她從不迴避說「我不知道」，也不用自己的知識去搪塞，而是建議去查閱相關專著、資料，以作參考。看到老人的這一切，每個跟她接觸的人才真正懂得了怎樣才能被別人敬重，怎樣才能獲得做人的最好的尊嚴。

成功者知道，要掌握所有的知識，是既不可能也沒必要的。所以，他們集中精力成為某方面的專家。他們知道，「萬事

通」的人是失敗者，而成功者只精通一門或幾門。真正的有面子是在妳從事的一門裡能夠出類拔萃。

做人就要勇於坦誠地承認自己的不足和不知道，不要為了面子，強將自己說成「萬事通」，讓自己真正的大失臉面。要知道，知識是從「不知道」中去爭取的，而不是從妳說「知道」中欺騙得來的。

鑽牛角尖的女人很傻

人活在世上有許多的欲望，有許多想做的事情，但我們的時間卻是有限的，如何在有限的時間裡做最多、最好的事情，就看妳是否善於利用時間了。而其中非常重要的一條就是是否善於制定長期的時間策略。

現代人的平均壽命大約是 80 歲左右，以後將會越來越長壽，因此，著眼於短期時間的策略，已經不是實現快樂美好人生的目標了。一個策略，若不能夠顧及人生的最終，不管以前過得多麼豐富多彩、絢麗多姿，到了晚年，都會變得盲無目的，那將是一件十分悲慘的事情。

但是，誰都沒有辦法預期明天會發生什麼事情，在我們的一生中可能有許多的變化。有些人的想法只是，希望自己即使明天死了也不後悔，我們沒有人能知道死什麼時候會降臨在自己身上，但是這個問題一生都會如影隨形地跟著我們。這樣看來，把今天當成是人生的最後一天和長期的人生策略似乎是矛

盾的。其實，我們仔細研究一下，會發現它們一點也不矛盾。

　　能有效地利用時間，開發大腦，盡全力地去生活，任何時候死去都不會有半點遺憾。人之所以有遺憾，是因為能做的而沒有去做，或是沒有盡全力去做。

　　人類的欲望是無止境的，但只要能夠了解自己，為自己的幸福而奮鬥，那麼自然地都能快樂、充實地生活。

　　我們在當學生的時候一定都參加過運動會，每個人都為了第一而努力鍛鍊，滴下汗水。可是，獲勝的卻永遠只有一個人。

　　但是，雖然大多數的人都敗下陣來，在回想起整個過程的時候，卻只會感到深深的感動和愉悅。因為他們都清楚地知道，自己已經努力過，即使是輸了，也不會有悔恨和遺憾，就算有任何的不甘心，也會轉化為第二年捲土重來的力量，而那些沒有獲勝目標，不認真練習的人才會感到後悔。堅定目標並努力去實現是最令人感動的，人生因此而散發出耀眼的光輝，如果就在這燦爛耀眼的光輝中死去，也不會留下任何的遺憾。

　　在現今迅速發展的社會中，安於現狀絕對是不可取的。有些人不求轉變、墨守成規，於是就在這個掌握先機的時代遭到淘汰。另外，有些人雖然知道確實應該去做點什麼，但是他們的這種感覺只是自發的、盲目的，他們沒有意識到變化本身。而且他們只是感覺到該做點什麼才好，但是具體做什麼，如何去做卻一點也不知曉。

　　人們都有愛鑽牛角尖的毛病，這緣於一種惰性思維。成功者往往能及時修訂自己的目標，及時調整自己努力的方向。一味盲目地追求一成不變而又不切實際的目標，實際上是自己的

愚昧跟自己的固執較勁。倘若不及時走出牛角尖，其結果只會南轅北轍。

我們應該隨時地進行自我檢討，改掉自己不合時宜的東西，而向更高更強的目標前進。在社會中找到自己的地位實現自身價值。

至此，我們知道，現在是非得改變自我、重建自我的時候了。

但是，什麼叫做「自我改變」，而我們又該變成什麼樣子才能順應時代呢？這時，我們應該從打破現狀開始。打破現狀就是不能拘泥於現有的滿足或是成見，而要衝破束縛我們的桎梏。若是處於劣境，更不能怨天尤人、自暴自棄，認為命定如此，現狀無法改變，只能隨遇而安。如此，就只能永遠滯留於一些微小的成就，甚至根本就不會有什麼成就。

在我們的日常生活之中，一些契機往往因為不加以把握而就這樣白白地流失掉了，致使我們也陷入一種欲罷不能的困境之中，若是想打破這種現狀，衝破束縛的枷鎖，就必須揚起奮進的風帆，加快速度。以前我們曾經因為嘗試打破現狀而做過許多的努力，雖然有些錯誤讓我們遭受了巨大的損失，但是因此而累積的經驗將會引導我們在今後的生活中獲得成功。在很多的時候，我們會面臨一種困境，即我們停滯不前，卻怎麼也弄不明白為什麼會停滯不前。因為不明白無法向前躍進的原因，自然就不知道該如何去做。有些急性子的年輕人，因為無論如何也不了解問題，不管再怎麼想也找不出解決的方法，因而死心斷念，很顯然，這是永遠也無法改變現狀的。因此，無

論在什麼情況之下，都不可以輕言放棄。即使所處的狀況十分艱難，也都要盡力地去改變它。

當面臨著一些難題而無法逾越的時候，我們應該這樣去看待它：雖然它確實有一定的困難，但是為了以後的目標，我們不能就此罷手，只要有決心，就一定能找到解決的方法。因此必須要用積極思考的方法來看待問題。所謂積極思考，是指自己處在不利的條件之下，也要盡量捕捉其正面、樂觀的方面。當我們認定某件事情無法去解決的時候，所有的可能性也同時被否定了。但如果我們能盡力地思考，去採取行動，就一定能夠出現柳暗花明的局面。要盡量開朗、積極和樂觀，這一點對於解決問題十分重要。

我們知道，凡事都有優劣兩面。所以，我們不能單看其中壞的一面，而忽略其好的一面。俗話說「塞翁失馬，焉知非福」，能看到事物的兩面性，才能使自己積極地思索人生。

相信一切的可能性，經常抱著肯定的態度會讓妳的命運大有轉機，在人生策略中有所謂的「人生七變化」，它們是：

1. 先求自我改變；

2. 自我改變導致對手改變；

3. 對手改變導致心的轉變；

4. 心的轉變導致語言的改變；

5. 語言改變導致態度改變；

6. 態度改變導致習慣改變；

7. 習慣改變最終導致人生的改變。

　　我們要看到，以上幾條有時也許順序不一樣，但是結果，即改變人生都是一樣的。當自己積極地思索、渴望有所轉變並付諸行動之後，人生便會隨之變化，若不從自我做起，那麼是不必奢望有任何轉機的。因此，要學會積極地思考人生，先要喜歡自己，樂觀地看待一切事物，然後再從自我的點滴做起，以建造完美人生的大廈。

不要做都市「鬱女」

　　有一次，在火車的餐車上，有位女士身上穿著名貴的毛皮大衣，上頭綴著璀璨奪目的鑽石，然而不知是什麼原因，她的外表看起來卻總是一副不悅的樣子，她幾乎對於任何事都表示出抱怨，一會說「這列車上的服務實在差勁，窗戶沒關緊，風不斷地吹進來」，一會又大發牢騷「服務水準太低，菜又做得難吃……」

　　不過，她的丈夫卻與她截然不同，看上去是一位和藹親切、溫文爾雅且寬宏大量的人，他對於太太的舉止言行似乎有一種難以應付而又無可奈何的感受，也似乎相當後悔帶她旅行。

　　他禮貌地向沉默的同車人打了個招呼，並詢問其所從事的行業，同時做了一番自我介紹。他表示自己是一名法律專家，又說：「我內人是一名製造商。」此時，他臉上有一種奇怪的微笑。

　　聽完他所說的話，那位同車人感到相當疑惑，因為他的妻

子看起來一點也不像個企業家或經營者之類的人物。於是，那個同車人不禁疑惑地問：「不知尊夫人是從事哪方面的製造業呢？」

「就是『鬱悶』啊，」他接著說明：「她是在製造自己的鬱悶。」這種未經詳細考慮、脫口而出的話語，立刻使得餐桌的氣氛為之凍結。其實，這位先生的確很貼切地道出了實際情況。

和那些風華正茂的青春女孩相比，都市「鬱女」有些不一樣：職位高一點，收入多一點，經驗豐富一點，資歷深一點，心氣盛一點……也因此，她們處於女性生活的高層，享受的生活機遇比一般女性充分──教育機遇、職業機遇、婚姻機遇、晉升機遇、獲得高報酬機遇等。按說這樣的女性應該是最快樂的，然而生活中最常聽到她們訴說的詞，竟是「鬱悶」。

鬱悶呢，好男人不知在哪躲著藏著；

鬱悶呢，做的活不少升遷機會卻不多；

鬱悶呢，上司和下屬左右逢緣，哪個都不好對付呢……

心灰灰，臉黃黃。

據說，上帝造男人的時候，他是教師，手提包裡只有理論課本和講義；上帝造女人的時候，他是一位藝術家，提包裡裝滿畫筆和調色盒。可是，面對這些「鬱女」，恐怕連上帝都得自省：莫不是當初著錯了油墨？

事實上，憂鬱持續或緩解與否，關鍵因素之一就是人們對它的思索是否適可而止。還有證據顯示，女性比男性更容易沉浸於冥思苦想，所以也更容易陷入悲傷和憂鬱。這也從另一個方面解釋了為什麼女性憂鬱症患者如此之多的原因。

有人認為，哭泣可降低大腦中引起悲傷氣質的化學物質的含量。哭泣有時的確能使人停止悲哀，但也會使人對悲哀的原因冥思苦想，難棄難捨。讓人「痛快地哭一場」有時是一種誤導，因為哭泣強化了人們對事情的思考，延長了痛苦。

轉移注意力最有效的方法是那些確能改變心情的方法，如看一場精彩的體育比賽、看一場喜劇、讀一本輕鬆愉快的書等，為排解通常的悲傷，許多人都採取閱讀、看電視、看電影、玩電子遊戲、猜謎、睡覺、胡思亂想等方法來轉移注意力。

進行體育鍛鍊是緩解輕度憂鬱及其他不佳氣質的最有效方法之一。

還有一個緩解憂鬱症的常用方法，就是透過享受生活讓自己振奮愉快。如洗個熱水澡、吃點美味佳餚、聽聽音樂等，都可以減輕其鬱悶的心情。

女性心情不佳時，通常的方法可以是上街買點小東西給自己。女性到商店裡，即使不買東西，隨便逛逛也夠使她們開心的。

常常，女性也以吃東西來排解憂鬱。但無論是暴飲暴食，還是酗酒吸菸，效果都是適得其反的。猛吃一頓的女性，事後常常後悔吃得太多。改變這種情形的一個有效的方法是，做一件事情，取得一個小小的成功。如處理好家裡某件拖延已久的雜事，或做做早就打算要做的打掃。這些事情很容易做成，完成之後，妳會高興一點的。

還有，改善一下自我形象。如換一身好衣服，理個髮等等。

而比起以上這些，消除憂鬱的最好方法是換個角度看問

題。這其實不難，可一般人就是做不到。當失戀的時候，妳就產生了自憐自艾的想法，認為自己從此將無依無靠。這種氣質變化是很自然的，但這樣的想法讓人絕望。

這個時候，如果換個角度，想一想這段愛情，對自己也許並不那麼重要呢！也許分開了才是好的，不分開反而不好。

又如一個病人，無論病得多重，想想那些比他病得更重的，就會好受一點。

其他情況也一樣。一般的人，或者說每個人，都是「比上不足，比下有餘」的，因此，這樣的想法人人都可以有。

還有一個方法，可以消除憂鬱，那就是助人。

憂鬱症患者情緒低落的原因就在於沉浸於自己的苦悶中，如果移情於他人的痛苦，熱心幫助他人，就能把自己從憂鬱狀態中解脫出來。

有很多這樣的例子，就是樂於助人的人，往往樂觀開懷。

最後一個方法，就是借助於信仰。宗教或主義都行。只要妳虔誠就沒問題，這都會有效果。

做到以上幾個方面，20 幾歲時，妳注定與「都市鬱女」無緣，用燦爛的笑容告訴世界：擁有一顆開朗的心，比什麼都重要。

不要為打翻的牛奶哭泣

　　令人後悔的事情，在生活中經常出現。人生一世，花開一季，誰都想讓此生了無遺憾，誰都想讓自己所做的每一件事都永遠正確，從而達到自己預期的目的。可這只是一種美好的幻想。人不可能不做錯事，不可能不走彎路。做了錯事，走了彎路之後，有後悔情緒是很正常的，這是一種自我反省，是自我剖析與拋棄的前奏曲，正因為有了這種「積極的後悔」，我們才會在以後的人生路上走得更好、更穩。

　　但是，如果妳糾纏後悔不放，或羞愧萬分，一蹶不振；或自慚形穢，自暴自棄，就是蠢人之舉了。

　　古希臘詩人荷馬曾說過：「過去的事已經過去，過去的事無法挽回。」的確，昨日的陽光再美，也移不到今日的畫冊。我們又為什麼不好好把握現在，珍惜此時此刻的擁有呢？為什麼要把大好的時光浪費在對過去的悔恨之中呢？覆水難收，往事難追，痛苦無益。

　　據說一位很有名氣的心理學老師，一次在幫上課的時候拿出一隻十分精美的咖啡杯，當學生們正在讚美這隻杯子的獨特造型時，教師故意裝出失手的樣子，咖啡杯掉在水泥地上成了碎片，這時學生中不斷發出了惋惜聲。可是這種惋惜也無法使咖啡杯再恢復原形。教師趁機對學生說：「今後在你們生活中如果發生了無法挽回的事時，請記住這破碎的咖啡杯。」

　　破碎的咖啡杯，恰恰使我們懂得了：過去的已經過去，不

要為打翻的牛奶而哭泣！生活不可能重複過去的歲月，光陰似箭，來不及後悔。生活的一份養料，從過去的錯誤中汲取教訓，在往後的生活中不要重蹈覆轍，要知道「往者不可諫，來者猶可追」。

美國一位漂亮的女演員幾年前在一次車禍中成了殘廢。一直對她很好的丈夫，在她最需要幫助的時候，卻冷酷而迅速地離開了她。

於是，她時常沉浸在美好往事的回憶之中，咬牙切齒地詛咒離她而去的丈夫，情緒非常低落。但最終她還是寬恕了她的丈夫。她說：「如果我只是終日地沉浸於對他舊日的情愛的回憶之中，整天怨恨他的冷酷，那麼，我只有終日流淚的份，於我的身體有害無益。忘掉過去，我需要的是獲得未來的幸福。」後來這個女演員在朋友的幫助下改行做劇本創作，幾年後終於寫成了蜚聲美國文壇的作品，她就是在當代文學史上很有影響的美國作家維·格麗斯。正是忘掉過去，不為打翻的牛奶哭泣，格麗斯才找回了屬於自己的鮮花和榮譽。

記住：要是我們得不到我們希望的東西，最好不要讓憂慮和悔恨來擾亂我們的生活。且讓我們原諒自己，學得豁達一點。

儘管忘記過去是十分痛苦的事情，但事實上，過去的畢竟已經過去，過去的不會再發生，妳無法讓時間倒轉。無論何時，只要妳因為過去發生的事情而損害了目前存在的意義，妳就是在無意義地損害妳自己。超越過去的第一步是不要留戀過去，不要讓過去損害現在，包括改變對現在所持的態度。

如果妳決定把現在全部用於回憶過去、懷悔過去的機會或

留戀往日的美好時光，不顧時不再來的事實，希望重溫舊夢，妳就會不斷地扼殺現在。因此，我們強調要學會適當地放棄過去。

當然，放棄過去並不意味著放棄妳的記憶，或要妳忘掉妳曾學過的有益道理，這些道理會使妳更幸福、更有效地生活在現在。

人生最不幸的事，可能就是背著心靈的包袱走路了，而女人似乎又是天生的「心胸狹窄」，許多女人都有「遇事想不開」的心理傾向，當有人勸她們想開些時，她們總是一副很認真的樣子對勸說者說：「寬恕別人是一種美德，寬恕自己無異於自殺！」其實在她對自己進行懲罰的時候，她們的親人們，是否也正在受著心靈上的煎熬。誰會希望在失去一個的同時，又失去另一個呢！

很久以前，一個學生好奇地問蘇格拉底：「請告訴我，為什麼我從未見過您蹙額皺眉，您的心情總是那麼好嗎？」

蘇格拉底這樣回答：「因為我沒有那種失去了它就感到遺憾的東西。」

人赤裸裸地來到這個世界，又赤裸裸地離去，在時間的長河裡，人只是一個來去匆匆的過客。人不可能永恆，到頭來終要拋下一切，重要的是如何讓短暫的人生變得更有意義。如果一個人能坦然面對他失去的東西，那將為他的人生贏得更多的輕快和愉悅。

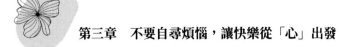

快樂不需要製造條件

身為一個女人，應該知道如何享受生活中的快樂。心理學家告訴我們，為了獲得真正的快樂，千萬不要為自己的快樂制定條件。

別說：「只要我賺到一萬元，我就開心了。」

別說：「我只要搭上飛往巴黎、羅馬、維也納的飛機，就快樂了。」

別說：「我到 60 歲退休的時候，只要臥在躺椅上晒晒太陽就滿足了。」

生活中的快樂，不應該有條件。

不論妳是百萬富豪或是窮光蛋，每一天都應該有一個基本的目標，就是衷心喜悅地享受生活。患得患失的百萬富豪會對自己說：「有人會偷走我的錢，然後就沒有人理睬我了。」意志堅強的窮光蛋卻會對自己說：「債主在街上追我的時候，我正好可以運動一下。」

不要愚弄妳自己，如果妳真的想要得到生活的樂趣，妳能夠找到，但要有一個先決條件：妳必須有這份福氣消受。

有許多無福消受生活樂趣的人，他們在功成名就之後，非但不能鬆弛，反而更趨緊張。在他們心目中，似乎老是受到追逐——疾病、訴訟、意外、賦稅，甚至還包括了親戚的糾纏。直到再度嘗到衷心希望的失敗滋味以前，他們都無法鬆弛心神。學習快樂的追求，而非痛苦；他們尊崇快樂的效力，因而

產生自我的價值感。

生活樂趣應從微小事物中去尋求：美味的食物、真誠的友誼、溫煦的陽光、歡愉的微笑。

莎士比亞在《奧賽羅》一劇中寫道：「快樂和行動，使得時間變短了。」不論時間的長短，讓妳的時間充滿愉悅的鈴聲。對於認為快樂並非生活中一部分的人應該一笑置之，因為他們是無知的一群；但是妳也要原諒他們，因為他們不像妳這麼睿智聰明。

快樂是真實的，是內發的；除非獲得妳的允許，沒有人能夠令妳苦惱。

妳每天都應該記住：快樂是妳送給自己的禮物，不是耶誕節的點綴，而是整年的喜悅。

快樂本來就出自人的心靈和身體組織。我們快樂的時候，可以想得更好，做得更好，感覺得更好，身體也更健康，甚至肉體感覺都變得更靈敏。一項研究發現，人在快樂的思維中，視覺、味覺、嗅覺和聽覺都更靈敏，觸覺也更細微。人進入快樂的思維或看到愉快的景象，視力立即得到改進；人在快樂的思維中記憶大大增強，心情也很輕鬆。精神醫學證明：在快樂的時候，我們的胃、肝、心臟和所有的內臟會發揮更有效的作用。

辛德勒博士說：「不快樂是一切精神疾病的唯一原因，而快樂則是治療這些疾病的唯一藥方。」看來，我們對於快樂的普遍看法有些是本末倒置的。我們說：「好好做，你會快樂。」或者對自己說：「如果我健康、有成就，我就會快樂。」或者教別人

「仁慈、愛別人，你就會快樂。」其實更正確的說法是：「保持快樂，你就會做得好，就會更成功，更健康，對別人也就更仁慈。」

快樂不是賺來的東西，也不是應得的報酬。快樂不是道德問題，就像血液循環不是道德問題一樣。快樂與血液循環二者都是健康生存的必要因素。

快樂不過是「我們的思想處於愉悅時刻的一種心理狀態」。如果妳一直等到妳「理應」進行快樂思維的時刻，妳很可能產生妳自己不配得到快樂的不快樂思想。

不要讓自己身心俱疲

很多追求成功的女性，都捨不得停下腳步放鬆自己。在她們看來，放鬆是對工作的一種不負責任和對時間的嚴重浪費。她們認為只有永不停歇，才能早一點獲得成功。即使已經精疲力竭、油盡燈枯，她們依然不願停止。這種精神的確是難能可貴的，但絕不是明智之舉。

有一個高僧帶領一群弟子研究哲學。其中有一個弟子非常刻苦用功，經常挑燈夜戰。不料學習進行到一個很重要的階段時，他居然生了一場大病。儘管非常艱難，他還是堅持追隨老師繼續上課。在他看來，生命苦短，為追求智慧，絕不能浪費任何時間。高僧勸告他說：「其實，智慧不一定就在前面啊，說不定它就在你的身後。只要放鬆身心，隨著自然的節拍，也能

得到智慧。」

我們常常就是這樣，為了追求成功，一味地往前衝，我們很少停下來休息片刻，認為那是在浪費生命。其實，如果妳不懂得享受生活，那妳才是真正在浪費生命。妳一心往前追求成功，卻不肯回過頭來看一看，也許就在妳回頭的瞬間，妳就會發現成功的祕訣。

懂得放鬆，是一種難得的智慧。從效率來看，必要的放鬆是更快實現目標的方法。放鬆不是放縱，而是養精蓄銳，是為了以一種更快的速度奔跑。

學會與壓力共處

人們一直生活在兩種壓力中，一是作用於軀體的物理壓力，如大氣壓力、地心引力、心臟壓力等，這些壓力維持生命形式。二是內在的精神壓力，如生存競爭的壓力、對危險與死亡的恐懼、人際壓力、情緒與情感的壓力等，這些壓力保持人的警覺（清醒狀態）和合適的行為模式。

可見，壓力並不都是無益的。研究壓力於人類身心影響最有名的加拿大醫學教授賽勒博士曾說：「壓力是人生的香料。」他提醒我們，不要認為壓力只有不良影響，而應轉換認知和情緒，多去開發壓力的有利影響，本來人類在其一生中，就無法擺脫壓力。

既然無法逃避壓力，就要學會與壓力共處，若無法和平相存，甚至克服壓力來獲得回饋，則可能導致各種身體與精神疾病，天天受到壓力的折磨，不僅對工作及家庭生活造成傷害，

同時也導致企業生產力和競爭力下降，甚至造成無法彌補的損失。

　　學會與壓力共處，首先要對壓力有所覺察。機體對壓力往往有一種天生的吸收——緩衝機制，一般的生活壓力會被身體轉化成活力與激情。如果一個人生活在流動的、不停變化的壓力叢中，他的機體不僅可以是健康的，也是有飽滿能量的。壓力過小的生活讓人消沉、昏昏欲睡、機體懈怠、思維變慢。但有兩種壓力可能使機體調節失常，一是突如其來的過大壓力，二是持續不變低量的壓力。覺察壓力有三個層次：稍微過量的壓力引發紊亂的情緒；較大的壓力帶來軀體各種不適反應；過大的壓力出現意識狹窄，對環境反應遲鈍，身心處在崩潰的邊緣。

　　與壓力共處的第二個原則是平衡。軀體與精神兩種壓力之間存在著某些連繫，當軀體壓力大，精神壓力也會慢慢增大，反之亦然。透過放鬆來釋放軀體壓力，精神的壓力也隨之釋放。當我們集中精力工作太久，或者長期處在競爭的狀態裡，可透過身體的放鬆來釋放精神的壓力。

　　與壓力共處的第三個原則是保持積極心態。良好的心態可增加人們應對壓力的能力，不良的心態本身就像一團亂麻，干擾人的內心。當然，最主要的是要對壓力有正確的觀念。壓力並不可怕，可怕的是我們對壓力有不恰當的觀念與反應。越怕壓力就越會生活在壓力的恐懼中，喜歡壓力的人在任何壓力面前都會遊刃有餘。

　　如果學會與壓力共處，就可把壓力變成實實在在的動力：

行為有效、感情豐富、精力充沛。

學會放鬆

身為現代社會的一分子，面對堆積如山的工作和回家之後繁忙的家庭雜務，一定要懂得如何放鬆自己。

想要放鬆自己，首先應該合理安排自己的時間。為自己制定一個工作和休息時間表，並嚴格執行它。工作的時候就努力工作，放鬆的時候就無牽無掛地放鬆。確保自己有足夠的放鬆時間，不要無限地延長工作時間，而讓自己變成一臺工作的機器。

其實，放鬆並不一定非要妳空出一大段時間來，它往往需要妳見縫插針、見機行事。

聰明的人不僅知道抓緊時間工作，更懂得抓緊時間放鬆。

工作累了，妳可以換個坐姿，也可以想想以前的開心事。眼睛疼了，妳可以做一套眼保健操。午休時，妳可以讀幾篇美文，也可以看幾則笑話。等人的時候，妳可以閉目養神。坐車的時候，妳可以戴上耳機聽聽音樂，讓自己沉浸在音樂的海洋裡等等。

當然，每個人的習慣不同，妳不一定非要用午睡來放鬆自己，這裡想告訴妳的是，妳可以根據自己的時間、習慣等來放鬆自己。例如：如果妳喜歡安靜、獨處，妳就可以讀書看報；如果妳喜歡熱鬧，妳就可以約上幾個朋友喝上一杯，或者去唱卡拉 OK。妳也可以選擇一些對妳有補充作用的放鬆方式。如果妳從事的職業特別傷腦力，那妳就完全可以做一些運動型的放

鬆活動，比如跑步、登山、旅行等，而假如妳是運動員，那妳的休閒也可以是睡眠、聽音樂、看電影等。總之，不要把放鬆看成妳生活中的奢侈品，而要把它作為妳日常生活中不可或缺的一部分。

妳有一點強過別人的地方——只要想躺下隨時就可以躺下，而且妳還可以就躺在地上。奇怪的是，硬硬的地板比裡面裝著彈簧的席夢思床墊，更有助於放鬆自己。地板的抵抗力比較大，對脊椎大有益處。

下面是一些自己可以在家裡做的運動。可以嘗試著做一下。

要是覺得疲倦了，就平躺在地板上，盡量將身體伸直，如果想要轉身的話就轉身，每天做兩次。閉上眼睛，像心理專家所建議的那樣想：「太陽在頭上照著，天藍得發亮，大自然非常沉靜，控制著整個世界——而我，是大自然的孩子，也能和整個宇宙調和一致。」

如果無法躺下，也可以坐在一張椅子上，也會得到相同的效果。在一張很硬的直背椅子裡，像一個古埃及的坐像那樣，然後將兩隻手掌向下平放在大腿上。現在，慢慢地把十隻腳趾頭蜷曲起來，然後放鬆；收緊腿部肌肉，然後放鬆；慢慢地朝上，運動各部分的肌肉，最後一直到脖子。然後將自己的頭向四周轉動著，想像妳的頭是一顆足球。要不斷地對肌肉說：「放鬆……放鬆……」

想想臉上的皺紋，盡量將它們抹平，鬆開皺緊的眉頭，不要閉緊嘴巴。按照以上步驟每天做兩次，或許這些皺紋就會從此消失，就不必再到美容院去按摩了。用很慢很穩定的深呼

吸來平靜妳的神經，要從丹田吸氣。印度瑜伽就是很有用的方法，規律的呼吸是安撫神經的最好方法。

把自卑拋向天空

至少有 95％的女性，其生活多少要受到自卑感的干擾。自卑感之所以會影響我們的生活，並不是由於我們在技術上或知識上的不如意，而是由於我們有不如人的感覺。不如人的感覺，產生的原因只有一種：我們不是用適合自己的「尺度」來判斷自己，而用某些人的「標準」來衡量自己。如果這樣做，毫無疑問地，只會帶來次人一等的感覺。

比如說，妳知道妳的乒乓球比不上張琬清，唱歌比不上王心凌，但妳大可不必因為比不上她們而產生自卑感，使妳的人生黯淡無光，也不該只因為某些事情無法做得像她們那樣，而覺得自己是個廢物。就算妳是一個乒乓球不行的人，或唱歌不行的人，這並不能證明說妳是個「不行的人」。張琬清和王心凌沒辦法替人動外科手術，她們是「手術不行的人」，但這並不意味她們是「不行的人」。行不行，這全部決定於用什麼標準來衡量自己，拿什麼人的標準來衡量自己。

事實上，世界上沒有兩片完全相同的樹葉，也沒有兩個完全相同的人，妳沒有必要拿別人的優秀來誇大自己的不足。記住：妳不「卑下」，也不「優越」，妳只是「妳」。

妳身為一個個體的人，不必與別人比較高下，因為地球上

沒有人和妳一樣。妳是一個人，妳是獨一無二的，妳不「像」任何一個人，也無法變得「像」某一個人，沒有人「要」妳去像某一個人，也沒有人「要」某一個人來像妳。

大家都知道，著名作家三毛的自殺為讀者留下痛苦，也留下問號。是《滾滾紅塵》的失敗使她自殺？不，《滾滾紅塵》的失敗只是她自殺的導火線，其實在她的心中，早就因自卑萌發了自殺的念頭。

少年時代的三毛因沉迷於「閒書」而無法自拔，國二第一次月考，她四科不及格，數學更是常考零分。國中二年級第二學期，因為怕留級，她決心暫不看閒書，每位老師的課都上，有書就背，甚至數學題目也一題題死背下來，她的數學考試竟一連考了六個滿分，引起了數學老師的懷疑，就拿國二的題目考她，她當然不會寫。數學老師即用墨汁將她的兩個眼睛畫成兩個零鴨蛋，並讓她罰站和繞操場一圈來羞辱她，嚴重地損傷了她的自尊心，回家後她飯也不吃，躺在床上蒙著被子大哭。第二天她痛苦地去上學，第三天她因害怕被嘲笑不敢進校門。

從那天起，三毛開始翹課，但她不想讓父母知道，還是背著書包，每天按時離家，但是她去的不是學校，而是六犁公墓，靜靜地讀自己喜歡的書，讓這個世界上最使她感到安全的死人與自己做伴。從此，她把自己和外面的熱鬧世界分開，患了醫學上所說的「自閉症」。

父母理解她，當他們了解真相後，就幫她辦了休學手續，從此，她「鎖進都是書的牆壁……沒年沒月沒兒童節」，甚至不與姐弟說話，不與全家人共餐，因為他們成績優異，而自己無

能，她曾因此自卑割腕自殺，被父母所救。

身為作家，她當然很想超越自己，再造撒哈拉時期的轟動，但是未能如願。往後的教書生涯，演講、座談的記錄則更平淡。她不甘寂寞抱病創作劇本《滾滾紅塵》。只可惜當年，臺灣電影金馬獎評選提名，《滾滾紅塵》獲得包括最佳編劇在內的12項提名，可以說大獲全勝。可是，當她盛裝赴會，準備接受得獎榮譽時，8項獲獎的獎項中有「最佳影片獎」，卻偏偏沒有「最佳編劇獎」。她當場落淚。

青少年時代的遭遇，使三毛產生了很深的自卑感，在以往的日子裡，她對自我價值的肯定，常常求證於他人。創作《滾滾紅塵》，是希望它能展現對自己的超越。可是不但沒得獎，還遭到報刊「草包編劇」、「外行編劇」的猛烈批評，她還能超越自我嗎？身心俱疲的她深深懷疑了，自殺之念也因此萌生。

埋藏心底多年的自卑，就這樣把作家三毛送到了另一個世界。

記住：不要無端地拿他人的標準來衡量自己，因為妳不是「他人」。只要妳了解這個簡單、明顯的道理，接受它，相信它，妳的自卑感就會消失得無影無蹤。

卡內基夫人曾說：「我們不能夠改變一個人的為人──即使我們能夠，我們也不會這樣做。我們能做的只是幫助一個人更有效地運用他所具有的天賦才能和任何優點。……我們不能把人們內心裡所沒有的資質給他們，但可以讓他們認識自身的資質，並鼓勵他們去開發自己的資質。」

這段話展現出卡內基夫人課程的精髓就是啟示和希望人們

肯定自我，視自己為一個有價值的人，並因為真正有了自信而達到自己所嚮往的目標——這才是成功之本。

不要在小事上斤斤計較

人雖不能玩世不恭遊戲人生，但也不能太較真，認死理。「水至清則無魚，人至察則無徒」，太認真了，就會對什麼都看不慣，也就無法在這個社會上生存。

有個女孩總抱怨她家附近商店裡的店員態度不好，像誰欠了她錢一樣。後來，她偶然知道了女店員的身世：丈夫因車禍去世，老母癱瘓在床，上小學的兒子得了氣喘病，她每月只能賺很少的薪水。一家三口住的是一間十幾坪的小平房。難怪她天天愁眉不展呢。這個女孩從此再不計較她的態度，甚至還悄悄地幫助她，為她做些力所能及的事。最後，她們還成了好朋友。

女性的家庭觀念都很強，家是女性生活的重要組成部分。但家裡難免有矛盾。清官難斷家務事，如果一名女性在家裡事事計較，非得爭出誰對誰錯，那就愚不可及。親人之間哪有什麼原則性的大是大非，都是一家人，非要分出對錯，又有什麼意義呢？處理家庭瑣事要採取「綏靖」政策，以安撫為主，大事化小，小事化了，和稀泥，當個笑口常開的和事佬。家裡是避風的港灣，應該是溫馨和諧的，千萬別演變成充滿火藥味的戰場，狼煙四起，雞飛狗跳。

　　在人際交往、工作、生活中可能發生的小錯誤很多，如將妳的姓名搞錯，或者在談話所表述的內容上，把「台北市大安區」說成是「新北市大安區」、「1 斤 15 塊」說成是「1 斤 20 塊」、「托爾斯泰」說成了「泰戈爾」等，諸如此類雞毛蒜皮、無關大局的小錯誤，大可不必去當面糾正，假裝沒有發現好了。這是做人的智慧。

　　一個人最想擁有的東西，就是這個人的大事。雖然很多事情都是從小事開始的，但是，只有專心致志地做大事，才有可能談得上高效率。然而既有趣又悲哀的是，我們通常都能夠很勇敢地面對生活裡面那些大危機，卻經常被一些小事情搞得垂頭喪氣。

　　在日常生活中，小事也會把人逼瘋。例如在仲裁過四萬多件不愉快的婚姻案件之後，一位芝加哥大法官就曾經說過：「婚姻生活之所以不美滿，最基本的原因通常都是一些小事情。」另一位紐約的地方檢察官也說過：「我們的刑事案件裡，有一半以上都起因於一些很小的事情。」

　　怎樣化解這些小事對我們情緒的干擾，並且使我們把情緒波動的時間騰出來工作呢？

　　美國第 32 任總統羅斯福與夫人剛剛結婚的時候，羅斯福夫人每天都在擔心，因為她的新廚師很不會做飯。後來她說：「可是如果事情發生在現在，我就會聳聳肩，把這件事忘了。」事實就是這樣，「聳聳肩」就是一個好做法。

　　羅斯福夫人還對她的廚師說過這麼一個故事──在科羅拉多州長山的山坡上，躺著一棵參天大樹的殘軀。它剛剛發芽

的時候，哥倫布才剛剛在美洲登陸。第一批移民到美國來的時候，它才長了一半大。400 年來，它曾經被閃電擊中過 14 次，被狂風暴雨侵襲過無數次，它都安然無恙。但是在最後，一小隊小甲蟲攻擊了這棵大樹，那些小甲蟲從根部往裡咬，持續不斷地往裡咬，漸漸傷了大樹的元氣，終於使大樹倒了下去。

是的，我們的生命也是這樣，也是可以經歷雷電的打擊，卻經不住一種叫做憂慮的小甲蟲的咬噬。

羅斯福夫人所言不虛，而我們更要清楚，在多數的時間裡，我們要想克服被一些小事所引起的困擾，只要把目光轉移一下就行了——讓我們有一個新的、能夠使自己開心一點的看法。如此一來，熱水壺裡的響聲，也可以被我們聽成美妙的音樂。很多其他的小憂慮也是一樣，我們不喜歡它們，結果弄得整個人很頹廢，原因只不過是我們不自知地誇大了那些小事的重要性。

當然，最重要的方法，就是果斷地捨棄那些小事。

有些事與其逞能，不如示弱

示威容易示弱難，面對困境與刁難時，微笑是聰明女性防止自己受傷害的最好保護傘，別人暴跳如雷也好、心生怨恨也好，心存寬容，處處包容，始終沉著微笑，以不變應不變，然後終有冰釋前嫌的一天。

生活當中，適當地示弱不但是一種生存的技巧，也是一種

坦誠的生活態度，可以幫助我們贏得他人的信任與好感，使自己的發展之路更平坦。

與陌生人相處，適當示弱是一種真誠接納的態度。但大多時候，我們都習慣在別人面前展示堅強美好的一面，自然地想掩飾自己脆弱不堪的一面，太在意在別人心目中樹立完美形象，而那種形象多少是不完全真實的。有研究社會心理的專家指出，適當地在別人面前表現妳脆弱的一面，才會讓別人相信妳有真誠交流的心，會讓別人產生想接近的感覺，心理距離可以很快拉近。生活中我們也常看到，特別好強、愛出風頭的人總不如平和謙淡的人容易得到大家的喜歡與信任。

示弱是生存的智慧

示弱是維持生命生存的需要。在自然界進化的過程中，越是善於示弱的動物，越能有效地保護自己，環境的變化。烏龜在遇到強敵時不會與之爭鬥，而是將自己柔弱的頭和四肢縮到硬硬的龜殼內，才能活得相當長久。自然界尚且如此，人類更不例外，適時、適度地示弱，是保護自己的一種方式。示弱是一種「障眼法」，是在自己弱小、無力還擊時保護自己免受「硬傷」的一種必不可少的保護手法。

示弱是成功的前奏。成功的世界總是留給智慧的人，妳有多少弱處其實就有多少失敗的可能。不過，再純的黃金也有一點雜質，再亮的光芒也有一絲陰影，揭開華麗衣裙、袒露自己的傷疤，這也是一種勇氣，其實只有這樣，才會有彌補的機會和可能。

人世間，陰陽相生相剋，剛柔並濟共存，高下強弱瞬息萬變，沒有誰永遠占絕對的上風，所謂強弱也不過是一念偏執，其實勇於示弱才是真正強有力的表現，正如古老的俗語中說的：「包子有肉，不在褶上。」示弱代表一種修養與涵養。

　　示弱不是奴顏婢膝地獻媚，那種態度只會換來對方的輕視。

　　示弱並不代表懼怕或怯弱。人的一生很短，大家都是以快樂為最終目的。所以很多時候，用豁達而寬容的態度對待一些年齡漸長、心智尚未成熟者的無禮挑釁，猶如太極雲手，四兩撥千斤，微微一笑間超然世外，對於對手也是極大的打擊，猶如蓄勢的拳頭打在棉花上，只會產生毫無成就感的失落。聰明的女人，平靜而理智地處理事情才是最正確而完美的途徑，只要堅持自己的立場和觀點，堅信自己的理念，就會很快以最優美的姿勢到達自己的目的地。

示弱的類型

　　生活中，有各式各樣的示弱需求，但無論何種類型的需求，都是一種智慧的表現。

　　同類之間的示弱。不可否認的是，嫉妒是人的天性，而且這種嫉妒更容易發生在和自己年齡、社會地位、經濟狀況等各方面差不多的朋友和同事之間。適度在同事和朋友面前低頭，「自貶」一下，會使由嫉妒產生的「摩擦係數」降到最低。

　　強者對弱者的示弱。強者的示弱，是在感情上體諒不如自己的人，讓對方情感獲得慰藉、心理獲得平衡的一種待人策略。在相對較弱的人面前，成功者不要一味誇耀自己的成就，

應該韜光養晦，不妨多談談自己曾經失敗的經歷、現實的煩惱，刻意淡化自己的光芒，顯示出一種主動掌控生活的自信和從容。

弱者對強者的示弱。弱和強是相對的，在暫時處於弱者位置的時候，人必須示弱，以避鋒芒、養精蓄銳、蓄勢待發。越王勾踐「臥薪嘗膽」，最終打敗吳國。孫臏遭受刖刑後，經歷各種恥辱，最後終於打敗龐涓。示弱只是一種手段，透過示弱獲得成功才是最終的目的。

示弱，並不代表真正就是「弱」。生活中示弱，可以小忍而不亂大謀；工作中示弱，可以收斂觸角並蓄勢待發；強者示弱，可以展示博大的胸襟；弱者示弱，可以累積時間漸漸變得強大。

示弱的藝術和技巧

張小嫻說過，女性要在兩個人的時候柔弱，一個人的時候堅強。張愛玲也曾經說過，善於低頭的女人是厲害的女人。

示弱有多種類型，但無論何種形式的示弱，都應做到適度適時。過度示弱，給人的感覺是虛偽或真正的弱小，而真正的弱小是沒有價值的。示弱應適時，該示弱的時候就示弱，不該示弱的時候就不能示弱，應講究原則和掌控火候。示弱最好以強大的實力做後盾，才更顯其豁達和從容。聰明女人懂得在自己占據優勢的地方給男人足夠的空間掙扎，所以，越會示弱的人，往往更自信。

示弱時機也要掌握得恰到好處，自己得意時，如升遷、獲獎、獲利、成名等各種人生幸事降臨，此時適當的示弱可以保

護其他人的自尊心；別人失意時，如競爭失敗、名利受損、生活中遭到不幸，此時示弱，顯得「彼此彼此」，讓人感到「人皆如此，我又何恨」，從而得到安慰；別人贏得成功、榮譽，得到物質利益，在表示祝賀的同時，勇於承認這方面實在「自愧不如」，可保護別人的好勝心和榮譽感。

當然，示弱也是因人而異的。性格開朗、比較風趣的人，不妨透過自我解嘲的玩笑說出來，對於相對內向的人，可以用坦誠真摯的話語表達。很多時候，暴露自己的弱點比極力掩飾自己的弱點更可愛，正如俄羅斯心理學家庫斯洛所說的：「示弱和坦然，才是自我心理最強的防禦。」

示弱的效果

示弱可以得到朋友。人際交往是一個互動互酬的過程，在這個過程中，人首先追求的是自我價值的保護和愉悅的情緒。可以不給予物質上的幫助，也可以不對他人的事業發展承擔任何義務，但不能不顧別人的感受，讓別人享受不到愉快。假如相處中總是逞強，追求優越的感覺，那麼損傷了他人的自尊，破壞了對方的心理平衡，於是他人就會啟動自己的心理防禦機制，厭惡、逃避和排斥妳。

示弱可以消除人們的仰視心理，增加被人喜歡的程度。對於「白璧無瑕」的人，人們更多的是仰視，對於所仰視的人，更多的不是喜歡，而是敬畏和避而遠之，或是遙不可及的崇拜。只有適度暴露一些自己的弱點，才會拉近與他人的心理距離，增加接納性。心理學研究顯示，在一定範圍內，人們之間的互相信任、互相接納程度是和彼此之間的互相暴露程度成正比。

示弱也有益於我們的事業。「一個籬笆三個樁，一個好漢三個幫」，想要成就一番事業，一要靠自己，二要靠關係。所謂靠自己，首先是要擁有成就事業的才華、學識、氣魄、毅力，而要靠關係，則是必須具備良好的人際關係，盡可能減少行進過程中的「摩擦係數」。拳擊運動中，選手們總是先把拳頭縮回來再伸出去，拳頭才有力度，縮的幅度越大，出擊的力量也越強。一個人的示弱，其實就是縮回拳頭的過程，它的目的是為了在關鍵時刻把生命的那只拳頭伸得虎虎生威。

示弱有助於消除不滿或嫉妒。「木秀於林，風必摧之」，事業上的成功者，生活中的幸運兒，當然會受到人們的稱讚和羨慕，但太強硬太出色的人，必然會招來各種嫉妒的眼光。如果我們不能意識到自己身上那種爭強好勝、鋒芒畢露的優勢心態，就可能於不經意間為自己設置下陷阱，而示弱則可以把由嫉妒、怨恨所產生出來的各種消極作用降到最低。處處逞強、處處占先拔尖的人雖能得一時之利，卻難以獲得真正意義上的成功，而那些寬容、大度、適時忍讓、虛懷若谷的人往往是最終的成功者。

向他人示威、示強，迎合人的社會心理的需求，是人們容易做的，也是樂意做的；而向人示弱卻相對要難得多，尤其是適時、適度地示弱更難。毫不示弱代表的僅是勇氣，適時適度示弱代表的既是勇氣，又是智慧，稱得上是一種大氣、一種高度、一種境界。

自以為是會令妳更難堪

　　有些人天生具有一種獨特的才能：對於任何一個主題，哪怕只學了點皮毛，所知並不多，他也會採用吹噓、誤導、分散等方法，讓自己像老手一般，口若懸河，使聽者如痴如醉。但這只是暫時的，一旦大家明白過來他這麼做只不過是為了獲得別人的稱讚以滿足自己小小的虛榮心時，他很快就會陷入孤立的境地。

　　這種人的特點就是自以為是。

　　有一些人也許在某個地方讀了點什麼，對之深信不疑，在別人面前，立刻表現出對這件事好像無所不知的樣子，即使在內行面前，也無所顧忌，不斷地誇大其詞，自圓其說。這樣的人自以為無所不知，其實在別人面前，至少在內行人面前是非常無知和淺薄的，理所當然她們也不會是成大事的人。

　　這些人對事態自我的理解，雖無法一直愚弄所有的人，使所有的人思想脫離正軌，但是在很多情況下，卻可以愚弄部分人，而且有一部分人還會一直受到愚弄，這也是自以為是的人繼續賣弄的支撐點，因為他已經成功地得到了一些注意力。

　　迪娜研究生畢業，她最擅長投資的事，而且對於相關的研究也投注了全部的心力。然而，卻是李紅在支配整個會議。事實上，李紅對各種基金表現所持的論調根本就是一派胡言。為贏得聽眾的注意力，李紅說起話來，就沒有人能讓她停下來。

　　「李紅，」迪娜抗辯著，「這些基金是……嗯，如果妳看看它

們過去的表現⋯⋯」她努力想提出資料，但是卻不知道要怎麼做才能及時制止。

「迪娜，如果妳有這類問題，或任何其他問題，請儘管問！」李紅一秒也不停地說，然後再對那些著了迷的觀眾說道，「我完全了解你們的需求。當然，選擇正確的投資對我來說是易如反掌的事！是呀，簡直不費力氣！實際上，我還有點樂在其中呢！你們知道嗎，我就是有這種天分。而且，這些基金我已經注意了好多年了，表現棒極了。相信我，絕沒有錯！」迪娜從她的話中就可以知道，李紅對這些基金一無所知。然而每個人都隨著李紅肯定的說辭而熱情起舞。沒有人知道連李紅自己都根本不知道自己在說些什麼。

就像其他的自以為是者一樣，李紅的行為偏差源於她想獲得別人的讚許。要是她覺得遭人輕視，她很可能會增加籌碼，比以前更加賣力地表演，吸引別人的注意力。自以為是者的行為也是很堅定的，他們會毫無顧忌地強行打斷並插入別人的談話，這一切對於自以為是者而言，就猶如聚光燈之於演藝人員。

一旦在生活中扮演了自以為是的角色，妳就很難再接受別人的意見，或許妳總以為別人是同意妳的說法的。比如，妳與聽者也能很快地建立起共識。其實，這只不過是妳一廂情願的錯覺罷了，這種共識只存在於妳自己的心中。

自以為是的人是不可能成就什麼大事的，他只會失去別人的好感，使自己陷入孤立的境地。

也許在開始的時候，不知詳情的人們對他的口若懸河還蠻有興趣，或者堅信不疑跟著起舞。但一段時間過後，人們就

會發現，這個人只不過是個喜歡讓人注意的大嘴巴，愚蠢而又淺薄。

　　簡而言之，一個自以為是的人最終只會陷入更深的孤立，更大的失敗。

　　一個正深陷入自以為是泥沼的人，捫心自問，相信他自己也不得不承認，自以為是的日子並不好過。因為他必須一直作秀，要隨時隱藏內心不安的感覺，為保住面子，他還要編足各種理由，隨時應對別人的種種疑問，為自己圓謊……弄不好，他就會被自以為是套牢，被自己的醋瓶熏倒。

　　千萬不要被自以為是這個小小的敵人打敗，要剔除內心的虛榮，承認自己的無知，用「知之為知之，不知為不知」贏得別人的好感，以爭取成大事的機會。

第四章
記住，愛情不是生命的全部

既然愛，那就大聲告白吧！

　　日本電影《四月物語》講述的是一個發生在 17 歲美麗少女榆野卯月身上的「愛的奇跡」。因為暗戀學長，成績不佳的她努力考取了學長所在的武藏野大學。影片的開始便是女孩站在飄滿櫻花的東京街頭，開始了她嚮往已久的大學生活，也開始了她對愛情的執著追尋。鏡頭一直以一個旁觀者的身分注視著這個內心被愛的祕密填得滿滿的女孩的日常生活，從她搬入東京的新居，到她在新班級裡做自我介紹，到她參加釣魚社的活動，到她在電影院外被陌生男子尾隨……直到她被在書店打工的學長認出後，她才終於有勇氣伴著淋漓的雨聲對學長說出「對我來說，妳是很出名的」。在這一場痛快淋漓的大雨中，影片緩慢平淡的節奏突然因為女孩祕密的揭開而掀起了高潮，而電影也就此走向了尾聲。故事很唯美，看上去又很傷感。今日女性追求屬於自己的一份愛情，不應該再這麼吃力，這麼無助，這麼被動。

　　愛，除了心靈的感應與感覺外，還應有行動的告白，不論是愛或者被愛，都是一件幸福的事。可幸福不是等來的，它需要努力，需要創造。如果妳還相信「女人只要安靜等待，真命天子就會從天而降」的神話，就明顯已經和現在這個觀念開放的社會脫節了。隨著女性地位的逐步提升，自卑、怯懦不應和新時代的女性相伴。如果愛，就要勇於告白。

　　曾經看過這樣一個故事。男孩和女孩從小一起長大，從情竇初開的時候，就默默地喜歡著對方，但誰都不好意思先開

口。隨著年齡的增長，他們各自身邊也多了幾位追求者。日子在愛和懷疑、猜測中一天天過去。女孩的生日到了，男孩送給她一本厚厚的字典。女孩有點不高興：這算什麼禮物，誰沒有字典啊？這樣送禮物簡直是惡作劇！但男孩的表情卻是非常鄭重的，女孩找不到一絲戲謔的表情，只好收下。一回家，她就把字典放到書架最上層去了。

第二天，男孩一見她的第一句話就是：「妳用過字典了嗎？」「沒有。」女孩不滿地說。男孩顯得很焦急，「為什麼不用呢？今天記得要用啊。」女孩白了他一眼，莫名其妙，她心裡想。

第三天，第四天……男孩一次比一次焦急，女孩已經很不耐煩了，終於，她忍無可忍地喊了句：「用過了，行了吧，滿意了吧！」「真的？」男孩追問。「當然是真的，你至於嗎！」女孩惱怒了。男孩呆立在那裡，臉上顯出痛苦的表情。她很奇怪，問他怎麼了？男孩只是擺擺手，很疲倦的樣子。

從此她再也沒見過這個男孩，那天夜裡，他喝了很多酒，被一輛超速行駛的貨車永遠地帶走了。

他的喪事辦完了，她的心也碎了。想起了那本字典，她把它從書架上拿下來，翻開它，仔仔細細地一頁頁看著，在有她名字的那一頁黏著一小片心形的紅葉，上面是那熟悉的筆跡：「有些事，我不說，妳也懂的。」

她痛哭失聲：「你真傻！」她對著天空喊，希望他離去時可以聽見，「為什麼不說？只要說一句……」但一切都晚了，他已經不可能回來了……

告白對於一份愛情的開始十分重要。因為驕傲放不下面

子，不肯先向對方示愛，這又何必呢？像上面這個故事中的男孩和女孩，就是互相折磨的典型。在人類沒學會心電感應這種先進技術的時候，期待不說對方也能懂是不可能的。示愛並不是示弱，假如這段感情幸運的開始了，先示愛的一方也並不就是低人一等，勇於告白的人才能掌握自己的情感軌跡，做個感情的勝利者。

當妳遇到自己喜歡的人，在什麼都沒有開始時，如果以為「他不一定喜歡我」，那麼妳可能會真的失去他，失去選擇的機會。

害怕被拒絕也大可不必，妳應該做的是克服自己自卑不安的想法和自愧不如的心理。不要拿著手機猶豫不決了，事實上，只要妳勇敢地撥一次電話，事情就會完全解決了，妳也將徹底擺脫憂心如焚的處境，即使遭到拒絕，也不算是什麼大不了的事情，妳只要保持輕鬆、寬容的心情就能度過情緒不穩定的日子，如果妳什麼都不去做，卻只是終日停留在忐忑不安中，猜測他的心意，又有什麼意義呢，為什麼不給自己一點主動權呢？

被拒絕並不代表妳有什麼過失，也許他心中另有所屬，而他恰恰是個忠誠的愛人；也許他目前為事業忙得焦頭爛額，根本無暇分心經營愛情；也許他最近情緒不佳，偏偏妳又撞在槍口上。所有這些都與妳無關，不要因為被拒絕就覺得被判了死刑，失去了追求愛情和幸福生活的勇氣。

告白是一種藝術，只有聰明的人才能運用自如。妳當然希望妳的告白能得到對方的接受，從此開始一段美好的情緣，但

是告白成功必須具備起碼的前提條件和諸多有利因素。

在告白之前，首先應該先對自己做一番客觀的衡量，也就是對自己的情況進行理性的分析和評價。主要包括自我形象、思想情趣、生活作風、價值體系、學識才華等。只有清楚地認識自己，才能明確地為自己心儀的對象「畫像」。人無完人，千萬不要自我感覺太過良好，而忽略了自己的種種缺陷，也許正是這些缺陷成為別人拒絕妳的原因。太過自負的人一旦遭到拒絕，那種痛苦是不言而喻的。

在告白之前，應該盡可能的了解對方。如果妳對心儀的對象連最起碼的認識都沒有，單憑一些工作、住址、年齡之類的表面資訊，是無法觸及對方的心靈深處的，這樣的告白很淺薄，也許妳就是被對方英俊的外表或一擲千金的豪氣所吸引，當然對方也不難看出這點。這種告白如果被拒絕反而是件好事，最危險的就是碰上獵豔高手，將錯就錯，趁機玩弄於股掌之上，這個人的命運就十分悲慘了。

在告白之前，應該選定場合、情境，浪漫優雅的環境絕對比嘈雜喧鬧的場合容易使人動情；柔和的光線要比迪廳炫目的鐳射更能激發他的柔情；清閒的假日、休息日要比緊張的工作日令他覺得放鬆。當然，愛是自然天成的，本無須太過刻意，有時候，就是平常的日子，不經意的一瞬間，妳的勇氣突然來臨，妳的愛意很自然的湧出心扉，那就讓他感受到妳的愛。把妳的愛表達出來，不要再藏進心裡。

妳若愛上了某人，就應該努力去追求，但出於羞怯心理，不便坦白直率地向對方表示，可以透過許多別出心裁的方式把

心思傳遞給對方。

　　妳可以用迷人的微笑替妳告白。有時候，不甚得體的告白話語還不如技巧性的運用肢體語言來的有效。微笑和眼神都能傳遞妳對他的情意。嘴角微揚，展現出妳最迷人的魅力，深情的目光互視，移開，互視……如果他心中對妳也早已充滿好感，他很快就能接收到這些愛的資訊。

　　妳可以用精巧的小信箋替妳告白。寫上幾句情意綿綿的話，卡片的精緻代表了妳不俗的品味，動人的話語可以讓他感受到妳的才情、細膩。雖然電子郵件更為快捷方便，但愛情不是方便裝，告白也需要花一些小心思。看到這可愛的小禮物，他怎會不在驚喜中感到一陣甜蜜。

　　妳可以借別人的口替妳告白。這樣對他說：「我爸爸經常誇你。」他一定會很有興趣地問：「是嗎？誇我什麼？」「說你人品好，能幹又謙虛。」其實這些都是妳的心裡話，只是靦腆的妳不肯直接對他說罷了。如果他很聰明，當然知道妳話中蘊含的意思，如果他對妳很有好感，他是不會無動於衷的。

　　告白，開啟妳的愛情之門。告白，也許從此帶給妳一生的幸福。向他打開心扉，勇敢地告白吧，不要讓有緣相聚的人就此錯失。

　　是的，勇敢地告白吧，妳愛的那個人也許也在為怎麼開口而猶豫不決，妳不要再守株待兔，不要再錯失良機，去創造吧，敞開妳閉塞而狹小的內心世界吧，它能容納生命中更多美好的東西。

茫茫情路上，別迷失了自我

女人為情而生，為愛而死。情與愛，是一個女人最不可或缺的精神食糧，是女人生命的支柱。

然而，戀愛中的女人容易盲目，以為只要一切都聽他的就可以獲得他永遠的愛戀。其實不然，當他膩了妳的一貫順從和忍耐時，他就會覺得妳淡而無味。愛情應該是雙方的付出，要在互相愛戀的前提下，互相慰藉，互相理解，互相體貼，而不是一廂情願。

戀愛中的女人常常為了一份心跳的感覺而忽視很多生活細節，即使偶爾感覺到了一些不妥也會以種種理由為對方開脫，終於有一天發現這個讓自己傾心付出的男人並不是真的愛自己。

女人應該睜開雙眼談戀愛，跟著感覺走只會在甜膩的愛情中越走越遠，喪失自我。在選擇愛情的另一半時，更是應該擦亮雙眼，看看對方是否值得妳真心地投入，如果答案是否定的，那麼就應該立刻從這段感情中抽離而出，以免受到更大的傷害，千萬不要被一時的甜蜜沖昏了頭腦，那樣只會後悔莫及。

跟與妳差距太大的男人說再見。假如他各方面的條件都比妳差，他的自尊心會讓他甘心擁有一個什麼都高過自己的愛人嗎？妳的出色更會激發一些品性差的男人的叛逆心理，變相的從精神上虐待妳，這樣的一段感情痛苦肯定要大於快樂。假如他條件很高，簡直是過於優秀了，妳能保證今後的每一天他都能像今天這樣溫柔地對妳嗎？妳難道不擔心有太多比妳強的女

子在覬覦妳的位置？這樣的感情毫無安全感可言，千萬不要因為虛榮心一時得到滿足就格外珍視它，把自己置於一個很低的位置。

跟「大男人主義」的男人說再見。這種男人具有很強的優越感，打心眼裡覺得女人只是個副產品，做他的妻子就應該理所當然成為他的附庸，緊緊跟著他，為他服務，誇張一點說，他需要的不是愛人，而是女傭。他對女性沒有尊重的習慣，更不會平等相待，他的意見就是你們兩個人的意見，他才不想聽到從妳口中傳來不同的聲音。這種感情令人窒息，企圖得到這種男人的真愛，幾乎是不可能的任務。

跟愛吃醋的男人說再見。這種男人自卑感過於強烈，非常害怕失去妳，妳身邊的每一個男人都會成為他的假想敵，他給妳的愛活像一座密不透風的監獄，妳不能和任何男人多打一個招呼，多說一句話，手機裡全是他「查勤」的短信，下班晚五分鐘也要接受他沒完沒了的盤問……也許妳覺得這是他愛妳的表現，但是妳失去的，可是他對妳的信任和最起碼的尊重。

跟拈花惹草的男人說再見。如果說前面幾種男人總還有一點可取之處，那麼風流成性的男人則應該立刻打入拒絕往來的黑名單。愛情是脆弱的，沒有忠誠的泉水澆灌和滋潤，很快便會枯萎。這種男人卻色心不改，到處追逐美女，新鮮勁一過去，便又開始尋找新的對象。他們沒有一點對愛情負責的態度和打算，仗著自己有些錢，或者有點小名聲招蜂引蝶，心地非常卑劣。

總之，只有睜開雙眼，用妳的蘭心蕙質去看穿男人光鮮外

表下的內心是否隱藏著汙穢，妳才不至於浪費自己彌足珍貴的感情。妳的愛情是智慧的，是清醒的，只留給最值得妳愛的那個人。

張愛玲，現代女作家，一位孤僻的天才。她與胡蘭成的愛情悲歌，至今仍令人唏噓不已。

張愛玲與胡蘭成相識時，胡是有妻室的，並且因政治原因曾在南京入獄。她卻對這一切都不以為意，只覺得愛是自己的，其餘的都是別人的，無需考慮。在渾然不覺中，她在愛情這個問題上失去了慧眼，喪失了判斷力，只是盲目地、投入地去愛。

胡蘭成在張愛玲面前從不掩飾自己的浪子本性，張愛玲明知他不愛家、不愛國、諸事荒唐無所謂，可依然覺得他會好好愛自己。甚至當胡蘭成告訴她自己是個沒有離愁的人，張愛玲也只是一味地欣賞，不曾想到人若冷酷至此，不是無情又是什麼。

在送給胡蘭成的第一張照片後，張愛玲寫道：「見了他，她變得很低很低，低到塵埃裡，但她心裡是歡喜的，從塵埃裡開出花來。」愛讓高傲的她變得謙卑至此，然而她卻沒有想過，一個男人得知已經徹底征服了面前的女人，便會很容易對她失去興趣，不再神魂顛倒。愛與謙卑可以在心裡，卻沒必要告訴他。愛到一百分，只告訴他十分即可，否則太多的愛便會令他不自覺地看輕了妳。

婚後不到兩年，胡蘭成娶了護士周訓德，後又與范秀美有了情事。他以張愛玲通透豁達慷慨為由，明目張膽地欺負她。

張愛玲去看胡蘭成，胡蘭成不喜反怒，還說什麼：「夫妻患難相從，千里迢迢特為來看我，此是世人之事，但愛玲也這樣，我只覺不宜。」胡蘭成將張愛玲安排在火車站旁邊的一個小旅館裡，白天陪她，晚上陪范秀美。儘管胡蘭成沒有告訴張愛玲自己與范秀美的關係，然而聰明如她，怎麼可能看不出來。她黯然離去。

經過一年半長時間的考慮，張愛玲寫信給胡蘭成，提出分手。「你不要來尋我，即或寫信來，我亦是不看的了。」後來胡蘭成曾寫信給張愛玲的好友，流露挽留之意，張愛玲也沒有回信。這段曠世絕戀最終以暗淡的結局收尾。

聰明如張愛玲，亦會在愛情中犯種種錯誤，亦會遭遇曠世浪子，亦會傷心萎謝，實在令人嘆息。在愛情中迷失了自我，沒有掌握好愛的分寸，是她無法收穫美好愛情的原因之一。

愛情應該有分寸，應該保持適當的溫度和距離，才能使雙方永遠如沐春風，永遠不產生厭倦。

在戀愛中兩個人都是主角，要有自己的主見，懂得適當拒絕。

不要天天鬼混。愛情的生命力是有限的，要讓愛情壽命長一點就要保持適當的距離。

不要把他當成全部。要有自己的社交圈子，別一談戀愛就原地蒸發，和所有的朋友都斷掉來往，這只會讓妳的生活越來越狹窄。

不要在愛情中失去自己。愛情是有一定原則的，即使在愛情中女人也不能失去了自己。

女人是最容易在愛情中丟失自己的，多少女性為了愛情而把自己完全改變。在一段新的愛情展開時，為了得到心愛的人的喜愛，女人往往讓自己表現得如他喜歡的樣子，說他愛聽的話，穿他喜歡的衣服，做他喜歡的事。但是過一段時間以後，妳突然感覺到妳已經不是原來的自己了，而當初他選擇妳也許就因為妳有妳獨特的味道，但現在妳卻失去了被他看重的東西。

　　因此，妳應該開始檢查自己的內在需求，問問自己究竟需要什麼，自己為什麼不能鼓起勇氣說不想為取悅他而改變。同時，求助於自己的知心朋友，她們可以幫助妳重新審視自己的處境，給妳一些建議。妳應該掌控好自己的底線，在和愛人爭執的時候，記住哪些是不可以妥協的。切記妳的價值並非建立在他的認同上，妳有權做主，也有犯錯誤的權利。妳必須堅持自己的立場。每個人都有被尊重的權利，如果他連讓妳保持自主都不肯，那麼這樣的人不要也罷。

　　傳說有一種荊棘鳥。牠自開始築巢就尋找荊棘樹，歷經千辛萬苦找到之後，便把自己的身體紮在最長、最鋒利的荊棘枝上，然後，牠放開歌喉，唱出一生中唯一的一曲，這歌聲宛如天籟，凡塵任何精靈都不可能發出如此美妙的聲音。這聲音是小鳥用生命換來的，也許最美好的東西都是用最深刻的痛楚換來的。女人追求愛情也像這荊棘鳥般執著和痴迷，為了愛義無反顧地付出全部，卻讓自己傷痕累累、痛不欲生。

　　有多少或悲或喜的愛情故事，就有多少痴心女子的情淚。女人本不該讓自己淪為愛情的奴隸，任人擺布。盲目地愛著，最後只能以痛苦結束。自憐自傷的女人多麼可悲，早知如此，

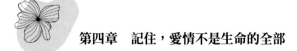

為何不在這段感情產生之時就理智地看清可能的後果，果斷地選擇是繼續還是放棄。

　　一個出色的女人，她的愛是理智的愛，但不缺乏激情，她的愛是執著的愛，但不做情感的俘虜。睜開雙眼談戀愛，才不會在情路上迷失自我。

愛情不是生命的全部

　　男人往往就是這樣：妳過於看重他，也就是昭示他可以輕而易舉地主宰妳的感情和幸福了！在這一點上妳首先就輸了。因此，感情最在乎尊重和平等……不用說，有這種遠見和胸懷的女人，男人自然會感到她的可愛了。因為男人愛上一個女人的同時，並不希望在愛的約束下喪失自己的一方世界，男人在乎愛情的默契、寬容和理解。因為這種愛不至於阻止男人自由地闖蕩人生——畢竟，在男人的眼裡愛情並不能代表人生的全部。

　　女人常常在愛情中傾其所有，把自己一生的幸福維繫於愛情之上，這是一種錯誤的方式，它對愛情百害而無一利。其實，愛情也要劃清界限。真正的愛情，是需要分清妳我的，妳的時間、妳的事業、妳的隱私、妳的想法、妳的空間……愛情是一種感受，產生愛情沒有固定的模式，留住愛情卻有許多規律可循。適時劃清界限是愛情和婚姻的保鮮劑。

　　生活中，許多的女人成了生活的附屬品、悲劇的主角。歸

結其原因，根本一點就是她們愛得太投入了，以致有一天夢中醒來，名譽、財富、愛情全都不見了。

卡蜜兒（Camille Claudel）就是這方面的一個悲劇主角，她是雕塑大師羅丹（Auguste Rodin）的學生兼情人。

在羅丹第一次見到卡蜜兒時，就愛上了她。一半是因為她那帶著野性的美；另一半則是她罕見的才氣。而同時，卡蜜兒也主動地向這位比自己年長 24 歲的男人，敞開了自己純淨和貞潔的少女世界。這完全是因為羅丹的才華吸引了她，男人的魅力就是才華。羅丹的一切天性都屬於雕塑——他炯炯的目光、敏銳的感覺、深刻的思維，以及不可思議的手，全都為了雕塑而生，而且時時刻刻都閃耀出他超人的靈性與非凡的創造力。雖然當時羅丹還沒有太大的名氣，但他的才氣已經咄咄逼人。於是，他們很快地互相征服。正當盛年的羅丹與洋溢著青春氣息的卡蜜兒，如同疾風暴雨，烈日狂潮般，一同擁入他們愛情的酷夏。同時，羅丹也開始了他藝術創作的黃金時代，而卡蜜兒不過是青澀的學生。

對於卡蜜兒來說，她所做的，是要進到一場需付出一生代價的殘酷愛情遊戲中。這是一場賭博。因為，羅丹有他長久的生活伴侶蘿絲和兒子，但是已經跳進漩渦而又陶醉其中的卡蜜兒不可能回到岸邊重新選擇。她和他只得躲開眾人視線，在公開場合裝作若無其事的樣子，尋找任何一個可能的機會，一點空間和時間，相互宣洩無盡的愛與無法克制的欲望。從學院小路到大理石倉庫，到鶯歌路的福里·納布林別墅，再到佩伊思園……在工作室幽暗的角落裡、在躺椅上、在滿是泥土的地

上，兩個人沉浸在無比美妙的情愛中。

羅丹曾對卡蜜兒說：「妳表現在我所有的雕塑中。」可以看出，卡蜜兒不僅給羅丹一個純潔而忠貞的愛情世界，還給了他感悟藝術的一切。無論是肉體的、情感的，還是心靈的，卡蜜兒給羅丹太多了。

後來，羅丹名揚天下，卡蜜兒卻一步步走進人生日漸昏暗的陰影裡。卡蜜兒不堪承受長期廝守在羅丹生活圈外的那種孤單與無望，這種感覺竟糾纏了她 15 年，最後精疲力竭，頹廢不堪。終於離開了羅丹，遷到一間破房子裡，離群索居，她拒絕在任何社交場合露面，天天默默地鑿打著石頭。儘管她極具才華，卻沒有足夠的名氣。人們仍舊憑著印象把她當作羅丹的一個弟子，所以她的作品賣不掉，貧窮使她常常受窘並陷入尷尬，還要遭受僱來幫忙的粗雕工的欺侮。

在這期間，羅丹卻已接近成功。他屬於那種活著時就能享受果實成熟的藝術家。他經歷了與卡蜜兒那種迎風搏浪的愛情生活後，又返回平靜的岸邊，回到了在漫長人生之路上與他分擔過生活重負與艱辛的蘿絲身旁。他買了大房子，過起富足的生活，又在巴黎買下了文藝復興時期的豪宅別墅，以應酬上流社會那些千奇百怪、光怪陸離的人物。這期間，還有幾個情人曾進入他華麗多彩的生活。當然，羅丹並沒有忘記卡蜜兒。他與卡蜜兒那場轟轟烈烈、電閃雷鳴般的戀愛是刻骨銘心的。他多次想幫助她，都遭到高傲的卡蜜兒拒絕。他只有設法透過第三者在中間迂迴，在經濟上支援她，幫助她樹立名氣，但這些有限的支持對於卡蜜兒而言，是一種屈辱，更是一種傷害。

在絕對的貧困與孤寂中，卡蜜兒真正感到自己是被遺棄了。這種感覺對於她而言如同刀子，往日的愛與讚美也都化為了怨恨。她本來激情洋溢的性格，逐漸變得消沉下來。

1905 年卡蜜兒出現妄想症，身體很差，脾氣乖戾，狂躁起來會將雕塑全部打碎。1913 年 3 月 3 日卡蜜兒的父親去世時，卡蜜兒已經完全瘋了。

她脫光衣服，赤裸裸披頭散髮地坐在那裡。

卡蜜兒從此與雕刻完全隔離，藝術生命就此終結。1943 年，她在蒙特維爾格瘋人院中去世。

在瘋人院裡保留的關於卡蜜兒的檔案中注明：卡蜜兒死時沒有財物，沒有任何有價值的檔案，甚至連一件紀念品也沒有留下，卡蜜兒自己也認為羅丹把她的一切都奪走了。那麼卡蜜兒本人留下了什麼呢？卡蜜兒的弟弟，作家保羅在她的墓前悲涼地說：「卡蜜兒，妳獻給我的珍貴禮物是什麼呢？僅僅是我腳下這一塊空空蕩蕩的土地？虛無！一片虛無！」

依附男人是阻礙女人獨立和成功的最大障礙，不論一個女人多麼富有才華和智慧，總是容易在感情上受到致命傷害，而找不到正確的人生航向。天才少女卡蜜兒為她的導師和情人羅丹奉獻得太多了。她喪失了自己的獨立性後，失去了本該屬於自己的盛名和財富，到最後連愛情都失去了，可以說她鑄成了自己的人生悲劇。

女人對感情的期望值往往很高，甚至有一種不屈不撓、執迷不悟的堅韌與痴迷。要知道愛情為女人所贏得的世界是有限的，如果女人能將身心從一個男人那裡儘早轉向整個世界的

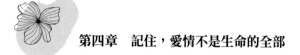
話，那麼這個女人的人生必將是豐富充實而色彩斑斕的。

已遠去的愛情不值得妳哭泣

　　有一位哲人這樣說過：「愛情充滿了蜜與毒。」愛情讓女人嚐盡生活的甜蜜，體會人生的絢麗。追求浪漫情感的女人容易受到情感的支配，很容易深陷進去，拿得起放不下，很容易受傷。一旦男人失去了激情和興趣，選擇結束這段感情的時候，女人便心如刀絞，整日以淚洗面，專情而又依賴感強的她，感覺生活一下沒有了目標，不知道往後的日子該怎麼熬。的確，失戀的日子，可謂「度日如年」。

　　失戀的女人喜歡把自己封閉起來。一味沉浸在自己的悲痛之中，好話歹話一律聽不進。覺得自己是當事人，自己最清楚該怎麼「哭」，別人都是站著說話腰不疼。堅信只有自己是天下最苦大仇深的人，沒有人能夠真正理解自己的痛苦。

　　失戀的女人對愛情喪失了希望。認為沒有可以信賴的異性了，心裡有著無數個問號，準備對付來自異性的關愛。她們通常都是情緒激動、意志堅定地把所有和山盟海誓有關的資訊，統統當作虛情假意而打入另冊。對愛情的前景心灰意冷不說，還不忘把自己的內心厚厚地包裹起來，用行動證明著「一朝被蛇咬，十年怕草繩」。

　　失戀的女人習慣了放棄自我。以「為伊消得人憔悴」為己任，肆無忌憚地用不吃不喝不睡「虐待」自己。愛情沒有了，

生死也就無所謂了，於是擺出一副視死如歸的模樣，好像自己的生命不經過一番摧殘，就表現不出殉情那種無比榮光的悲壯來。曾設計好的生活秩序被打亂了，生活沒有了方向感。沒人陪著一路喝彩，目標就顯得不那麼重要了。親人的期望、自己的理想，都被放置在腦後，似乎只有方寸大亂、醉生夢死才對得起付出的真情。

生活中的許多女性永遠都在為那份失掉的愛情而哀傷不已。面對同樣的問題，男人的表現就不同了。這並不代表他們不傷心、不能哭，只是他們對問題的解決方式不同於女人。就算遭受再大的打擊，他們也會立刻向外發展，找尋另一份感情、設法忘掉痛苦的記憶。女人卻正好相反，她們總是緊緊守著這一道裂痕，不斷地做著破鏡重圓的美夢——甚至祈盼偉大而悲劇式的羅曼史。她們的愛情大過天，一旦失去便是天翻地覆、天塌地陷，她們幾乎認為失去了整個世界。她們常常精神恍惚、魂不守舍，徹底喪失了理智。

不要以為高智商的女性就能夠很快抽離失戀的痛苦，其實她們常會更加糊塗，做出不符合身分、所受教育的傻事，令人嘆息不已。

看過一則消息，某知名學府的一位女碩士研究生因盜竊商場價值近萬元的衣物而被檢察院起訴。

案發後，許多老師、同學都不敢相信，她是個非常文靜的女孩子，善良樸實，非常用功；她的家人更是痛心疾首，父母都是高級知識份子，她從小接受的良好教育讓人怎麼也無法將她和竊賊連繫在一起。

　　然而事實是她確實觸犯了法律，原因簡直不可思議，她只是為了排解失戀帶來的痛苦。

　　在就讀期間，她和一名男生墜入愛河，那位男生各方面條件都很不錯，與她夢想中的戀人形象不謀而合。她覺得很幸福，加倍地看重這段感情。或許是她密不透風的愛讓男孩感到窒息，他們在放假回家前相約提前返校相聚，男孩卻爽約了，並且遲遲不回覆她的簡訊，也不接電話。焦急的她好不容易等到他回校，卻只等來一句「我們分手吧」。

　　她瞬間感到天旋地轉，再怎麼哀求也無法讓男友回心轉意。心如刀割的她無心學業，整天在購物中心閒逛。一天，她趁店員忙碌之際，將一些衣物偷偷塞進隨身攜帶的背包。她的異常舉動立刻被保全發現了，當場人贓俱獲，被送到派出所。

　　直到這時，她才有所醒悟，其實她自己都不明白為什麼會這麼做。但說什麼都來不及了，她的前途因為一次不理智而毀於一旦。

　　因為一段不成熟的感情賠上人生中更寶貴的東西，是多麼的不值得。對自己、對家人、對社會都是一種不負責任的行為。

　　其實，無論是誰跟自己愛的人分手都不可能不痛苦，但大可不必搞得那麼轟動。哭鬧、瘋狂並不能幫妳挽留已經死去的愛情。既然如此，何不灑脫一些，放手讓它靜靜地枯萎。此花謝處，也許彼花正開。妳還有愛的能力，未來還有希望可追。

　　如果感到對方去意已決，何不接過主動權，先提出分手。

　　如果對方說：「妳這人真不怎麼樣！」妳就趕緊說：「不喜歡？好啊，你另找更好的吧！」結果對方說：「我看我們不如分開算

了！」妳得表現得更堅決：「行啊！我們這就分手吧！」這樣，如果對方真的想分手，也是妳在心理上占優勢，分手之後也會減少痛苦。

分手之後有段時間會特別難受，令人不由自主地追念往昔的歡樂時光。這時可以在深夜時分打電話給資深的同性或異性密友，向其傾訴自己感情的傷害。各位密友一定樂於相助，他們會想盡辦法安慰妳，最後讓妳得出結論：根本不值得為那個他傷心！

除了接受別人的安慰之外，妳也要學著調整自己的心情。失去他也許正是一個自我轉型的好時機，過去妳習慣了按他的喜好打扮自己，現在妳可以將那些妳不喜歡的東西丟到一邊，隨心所欲地打扮。妳不必再顧及他的胃口，不再需要對他讓步，不再擔心說錯話、做錯事會影響兩人的關係。向那個屬於他的自己說聲再見，從今天起做回自我。瀟灑的妳怎麼都不像是剛失戀的人，妳可以自在地重新品味被追求的快樂，那可是另一番幸福的滋味呢。

生活中一些事情常常是物極必反的：妳越是想得到他的愛，越要他時時刻刻不與妳分離，他越會遠離妳，背棄愛情。妳多大幅度地想拉他向左，他則多大幅度地向右蕩去。

愛情也是如此，越是小心地維持，反而越容易破碎。何必苦苦糾纏，由它去吧，放棄很難，但放棄後，焉知不會有新的收穫呢？讓不屬於妳的愛隨風飄散吧。

失戀的女人想要擺脫傷痛的陰影，首先必須破除自我創造的神妙幻象。不要執意地認為「我再也找不到那種感覺了」，要

站在客觀的立場，以理智的心態去了解一切。不管這份感情是好是壞，畢竟已經過去了，它應該像所有的往事一樣只留下依稀的記憶。唯有真正承認過去了，才能進一步追求新的期望。

接下來必須要徹底分析感情破裂的原因何在，擔負起自己應該負的責任，而不要刻意替對方承擔罪過。我們必須明白一點：兩性交往的決裂絕對不是單方面的錯，感情生活也不是光靠單方面的優點就可以搭建成功的。沒有妳的力量，這份感情根本不可能存在；沒有對方一丁點過失，這份感情也根本不會破裂。

先對愛下個定義。愛對妳來說意味著什麼？把妳認為戀愛關係應該涉及到的內容都寫下來。

把愛和欲望、著迷區分開來。著迷是戀愛關係的初始階段，通常會持續六個月，妳會以為妳已遭遇愛情，他對妳而言是如此完美。但一般需要更長時間，才能明白你們是否真的相愛，妳是否能接受他的全部，好的方面、壞的方面都接受。愛一個人不只是愛妳喜歡的那一部分，而是要愛他的全部。

把妳對他的感受寫下來。妳喜歡有他在妳身邊嗎？有安全感嗎？妳信任他嗎？

想一想你們是如何解決分歧的？交流、爭吵還是大打出手？

他可能並不是妳想要的那個，如果妳感覺到妳被傷害、欺騙，那趕緊結束這段關係吧。

男人可以拋棄一個女人，但是他絕對帶不走她的任何能力。她才是自我價值的主人，哪怕是再聰明、再狡猾的男人也

奪不走的。除非，她自己心甘情願地捨棄自我。仍然徘徊在痛苦深淵裡的女性，請喚醒妳內在的潛力，學著去喜歡自己、肯定自己。趕緊邁向一個有利的位置，大膽接收四面八方而來的回應，找到更好的男人。

　　無法面對自我、無法自救的女人，永遠不可能掙脫煩惱。一個優秀傑出、具有堅定自我價值信念的女人，絕對不會陷入那永無止境的深淵之中。

　　一個女人最重要的是相信自己擁有愛的能力，並對未來即將發生的戀情保持著快樂的心態。未來的「他」必然和前者不同，但是一定具有另一種吸引人的特徵。只要給他機會和鼓勵，說不定會創造出一個更豐富的感情世界。妳必須展開胸襟去體驗新的事物，以全新的思維去接納他，停止永無止境的比較。

　　人沒有十全十美，好男人也不是唯一。不要再為打翻的愛情哭泣。新的感情世界未必比不上過去的一切。當然，最重要的是妳必須先提升自我價值與信念。一個煥然一新的價值信念才能提供感情世界所需要的勇氣、自由和開朗。

婚姻不是機會的產物

　　夫妻之道、兩性情感，無疑是家庭關係的紐帶。夫妻關係也是人類迄今為止最具誘惑力的組合方式。

　　浪漫的愛情，曾使無數對青年男女結下「秦晉之好」。然

而，許多追求浪漫婚姻的夫婦，卻在現實生活的碰撞中結束了短暫的美夢。

從戀愛到結婚，從浪漫的愛到現實的愛，這是情感列車的一次大轉彎，兩者有著本質的區別。戀愛更多的是一種自我情感體驗，而婚姻是一種生活方式，是一種社會關係，是一種以愛情為基礎的權利、義務、責任的關係。

當一對情侶牽著手在儐相陪伴下走上紅地毯時，他們此時此刻對未來的生活肯定充滿著幸福的憧憬和企盼。然而，為什麼在已婚的夫婦之中又會出現那麼多怨偶，以致走進法庭辦理離婚手續？

為什麼看似完美的婚姻會有如此慘澹的結局？大家最常說的是「遇人不淑，所託非人」，那麼為什麼不在開啟婚姻之門的時候再理智一些，須知，婚姻不是機會的產物，許多人雖然對美好生活充滿嚮往，但當他們步入婚姻殿堂時，卻還是個婚姻的文盲。幸福婚姻與草率成事、衝動枉為毫無瓜葛，它就像一幅完美的畫卷，在完工前必須精心構思，巧妙設計。

機會主義婚姻只會成為愛情的粉碎機。也有一部分人由於真愛而產生長相廝守、地老天荒的強烈願望便選擇婚姻，他們以為有了那一張具有法律效力的紙就有了愛情永存的保證。結婚還僅僅只是對愛情考驗的開始，想想一個家庭的柴米油鹽、瑣碎的家事、親戚對感情的消耗與磨損吧！激情不再是肯定的，而愛情也會逐漸地被日常事務轉化為親情。當然婚姻有利於感情的穩定、互相的信心與支撐。但這需要雙方都付出極大的努力，並且這種努力是注定要永遠存在的。只要婚姻存在一

天，一紙婚書只是一個承諾，儘管隆重，卻需要太多太多的努力、技巧支撐，不是每一個人都能帶著沉重的腳鏈跳出優美的舞蹈的。

在情火熾烈之時，不假思索便作出結婚的決定，這份愛情的生命力便很值得懷疑了，時光、人事變遷，情淺愛盡，這其實也正是離婚率越來越高的罪魁禍首。

機會主義婚姻只會成為生活的陷阱。大多數男女在互贈鑽戒的那一刻，心中必定是充滿幸福的感覺，以為從此功德圓滿，世間又多了一對「神仙眷侶」，可惜完美是不存在的，只存在於婚前的遐想中。命運總是苛刻而又公平的，有愛情的不一定有金錢，有金錢的不一定有快樂，有快樂的不一定有健康，有健康的不一定有激情。當年一對羨煞旁人的佳偶，可能不久便勞燕分飛。在真正朝夕相伴時才發現對方並不是想像中的樣子，那種失落、遺憾如鯁在喉，令人苦痛不堪。放棄雖不甘心，但隱忍又有何益，這時方才醒悟，原來當初選擇的幸福婚姻竟是以玫瑰花叢掩蓋的陷阱，這樣的婚姻除了最終解散之外，別無他途。

機會主義婚姻只會成為女人的囚籠。家是兩個人的宮殿，但它的瑣碎湮沒了女人。它透過一些細小的事件讓女人感受到一種虛無的存在與價值。理想的結合，應該是兩個完全自主自立的人的結合，絕不是單單的相互接受。

愛情是一種向外的活動，情欲則是對另一個人的衝動。接受負擔，不會產生愛，只會產生反感，機會主義婚姻永恆的悲劇不在於，它沒有保證女人的幸福（因為幸福無法被保證），而

是摧毀了她，叫她去做千篇一律的事。

　　女人選擇了這樣的婚姻，也許便是以放棄自己所擁有的某些東西為代價的，比如青春，比如自由，比如個人的發展，然後歷經苦盡寒暑，曾經玲瓏剔透的女人「零落成泥碾作塵」，在「家」的牢籠中，成為可悲的奴隸。

　　網友「木魚」的遭遇為許多女性敲響了警鐘。木魚在大學時可謂風雲人物，她長相出眾，個性開朗大方，多才多藝，經常在校內大型演出中一展風采，是很多男生追逐的目標。然而木魚心中卻有自己的打算，來自一個小城市的她從小心高氣傲，她期盼有朝一日嫁入豪門，麻雀變鳳凰，成為人上之人。誰也不曾想像外表純潔恬靜的木魚會有這樣「現實」的想法。

　　機會終於來了，在某次去校外匯演拉贊助的過程中，木魚結識了一位私人企業老闆，此人年富力強，經濟實力也堪稱雄厚。木魚在和他交往的過程中，早就被他揮金如土的氣勢所傾倒。但這位「大款」離過婚，身邊還有一個讀國中的女兒，種種不利條件又讓木魚有所猶豫。畢業前夕，他突然送兩把鑰匙給木魚，一把是市郊的一幢別墅，一把是停在宿舍外的一輛跑車。看著同學們頂風冒雨為考研究所或找工作而奔波的樣子，木魚心動了，畢業典禮結束了，她便接受了男人的求婚，在眾多不屑的目光中，走進了她夢想中的天堂。

　　短暫的蜜月結束了，木魚還沒來得及品嘗幸福的滋味，便從天堂瞬間掉到地獄。丈夫是個極端大男人主義者，一改戀愛時溫柔體貼的假象，開始了對她的「賢妻良母」教育。飯要準時做好，衣服要按時洗好，打掃房間不能隨便，這些原本屬於保

姆的工作統統交給木魚，也許只是為了滿足他可以任意支配她的變態心理。木魚很委屈，但只要稍微流露出一點不滿，便會招致一頓打罵。從小被父母驕縱的木魚何曾吃過這樣的苦頭，只能打落牙往肚裡咽。

他的女兒更不肯承認有她這麼個年輕的繼母，無故找碴是難免的，更可怕的是這刁鑽古怪的小女孩動不動就去父親那匯報又被後母「虐待」的種種罪狀，伴隨著的就是他的又一頓拳腳交加。

在家中，木魚成了父女倆的女傭，在外面，她還得時常充當花瓶的角色。每次，男人用炫耀的口氣向那幫腦滿腸肥的朋友炫耀，他一個國小都沒畢業的人怎麼輕而易舉地就泡上了大學校花，那副粗俗猥瑣的嘴臉讓木魚噁心作嘔。

對這段物質婚姻徹底失望的木魚，悄悄收拾好從前的衣物，在一個夜晚離開了那幢令她透不過氣的豪宅。她開始試著養活自己，那男人常常找到她的租住地，對她百般騷擾。他居然還大言不慚地對木魚叫喊：「妳不就是想要錢嗎？我沒給妳嗎？還有什麼不滿足？」

木魚苦不堪言，只得逃往另一個城市，斷絕了和朋友們的聯絡，希望能夠開始新的人生。然而好幾年過去，她還是無法走出失敗婚姻的陰影，每當有男士向她吐露心聲時，她就會唯恐避之不及。她發現自己早失去了追求愛和幸福的勇氣，成了一塊真正的「木魚」。

打一個不太恰當的比方，婚姻就像一場射擊比賽，在發射之前如果沒有仔細地考慮諸多因素，比如風速，比如槍和子彈

有無故障等，便會偏離靶心。如果不是足夠清楚自己的目標在哪裡，就會導致失敗。女人在決定走入婚姻殿堂之前，不能不深思熟慮，切忌因意亂情迷而妄下決定，更不足取的是為某種利益用自己的婚姻幸福去交換，其結果往往得不償失，像木魚這樣，空自餘恨。

　　婚姻絕非兒戲，女人對婚姻有什麼樣的期許呢？首先是一個溫柔體貼的伴侶，他一定有著和藹親近、善良細膩的個性；其次是一份相互溝通的樂趣，至少兩人的教育背景、社會地位等不能相差甚遠；再次是一種被肯定和尊重的感覺，能夠令女人產生這種感覺的男人不可能是沙文主義者；最後是一座溫馨的家庭港灣，這取決於雙方對婚姻關係的奉獻和經營程度。

　　女人應該希望從婚姻中得到這些禮物，而不是金錢、一時的虛榮、片刻的溫情。不要把妳的婚姻變成機會的產物。擦亮妳的慧眼，看清楚眼前這個男人是否值得妳託付終身。

　　女人應該為目前的戀人畫出一張「素描」：觀察他對事業的態度，看他是否有足夠的抱負，是否經得起失敗，是否有責任感；觀察他對生活的態度，看他的辦事能力，對金錢的看法，對家事的態度；觀察他對親朋好友的態度，是否掌控欲太強，是否脾氣太過急躁，是否自私自利、從不考慮他人。當然，最重要的是他對妳的態度，他支持妳的學習和工作嗎？他關心妳的一些小細節嗎？妳和他理想中的妻子形象差多少？

　　這樣的問題，妳可以根據自己的情況，提出更多。不要覺得瑣碎，畢竟，婚姻與愛情不同，少了幾分朦朧和浪漫，那些一開始不願示人的東西很快就能在朝夕相對時露出馬腳。與

其獨自後悔，何不未雨綢繆，細心品味。如果連這樣的問題，妳都還沒有答案，那麼還是慎重一點，晚點再去穿上美麗的婚紗。為了未來的幸福，無論如何都不能倉促行事。

有一位哲人說過，世上沒有無緣無故的愛，也沒有無緣無故的恨。由此可推論出沒有無理由的結婚，也沒有無理由的不結婚。即結婚是需要理由的。那麼結婚的理由會是什麼？是為了感情的歸屬？還是為了生活的必需？是為了愛情的確定？還是為了有個安全的小巢？

誠如一句網路名言，如果妳愛一個人，請和他結婚；如果妳恨一個人，請和他結婚。這句話很精闢而又一針見血地道出了愛情與婚姻的複雜性和矛盾性。確實如此，當妳還沒有找到充分的理由說服自己結婚時，建議妳千萬不要輕舉妄動。

決不涉足婚外情

如果說陽光下的戀愛是人間的四月天，令人如沐春風，那麼角落裡的婚外情就是火柴輕輕劃過時的一瞬微焰，燃燒過後往往只會剩下一節焦黑的炭末，經不起任何風雨，輕輕一碰就灰飛煙滅，屍骨無存。甚至，那一瞬間的燃燒還極有可能燒傷了手指，留下難以癒合的傷疤。

張小嫻有一句話說的好：無法廝守終生的愛情不過是人生的一個轉機站，無論妳停留多久，終將會搭乘另一航班匆匆離去的。愛情是剎那間的事，相愛簡單相處太難。女人愛上一個

人很容易，一旦想忘記卻很難，也許用一生的時間也無法將他忘記，尤其是要忘記一個讓妳又愛又恨的人，那更是難上加難。

20 幾歲時，女人應懂得謹慎地付出真情，既不做已婚男人的情人，也絕不在婚後紅杏出牆，陷入危險的婚外情。有些女人在初戀的時候就明白，戀愛和婚姻並不能完全畫等號，如果遇上婚外情的誘惑，她考慮的問題更多，孩子今後怎麼辦？自己能否化解對方家人的敵意？自己能否容忍對方還顧著原來的孩子……表面上這些都是不值一提的小問題，但她們心裡清楚，越是細小的裂痕，越會產生巨大的能量，再次打碎一樁婚姻。

生活中，絕大多數女人需要激情與變化，猶如魚需要水，雲雀需要天空，在這方面與男人並無多大的區別。不同的是，在面對抉擇時，女性婚外情一般是「喜新厭舊」、「棄舊圖新」，而很少像男人那樣「喜新不厭舊」。為此，她們在追求婚外幸福時，往往表現得比男子更勇敢、執著，不少人勇於蔑視主流文化，扛住種種社會壓力，甚至放棄子女撫養和財產利益，而與丈夫毅然決裂，卻遲遲不見情人邁出實質性的一步，以至於自己人財兩空、進退兩難。

對男人來說，婚外情是乏味生活的調味品，是緊張、超負荷生活的興奮劑，他們所需的是情人帶給他們如痴如醉般的新鮮感，是羅曼蒂克的浪漫感。

從生理上說，女人是靠觸覺才能喚起性快感，男人只要用視覺就可以了；女人一般來高潮很不容易，男人很容易就可滿足；女人是從心裡喜歡男人，男人是從眼睛裡喜歡女人。這一

切表明，女人很難愛上一個男人，但只要她愛上了，那她就會死心塌地地愛這個男人，不再他顧；男人很容易就會愛上一個女人，愛得太廣泛，也就沒有真正的愛了。

所以，在婚外情中受傷最深的往往是女人，一旦淪陷，很難再從中解脫出來，甚至可能為自己一時的衝動而悔恨終生。婚姻生活難免會充滿各種摩擦，但一旦沾染上婚外情，則會長期處於分裂、矛盾的痛苦之中。生活日夜處在一種滿足與負罪的兩難境地裡，在婚外情人那裡，種種新奇、激動、瘋狂，無不令人目眩而失常，同時卻總有一種揮之不去的負疚感，一種如履薄冰的緊張，一種走鋼絲的憂懼。

任何放縱的行為最終承擔責任的總是自己，因此在面對感情誘惑的時候，女人要更聰明一點，更理智一點，千萬不要玩火自焚。

不要對男人太挑剔

因此，錢鍾書先生說：婚姻像一座被圍困的城堡，外面的人想進來，裡面的人想出去。

怎樣才能避免婚姻的不幸呢？以下幾點應該注意：

讓他保持自己的個性

夫妻的恩愛，是建立在雙方願意平等地承擔義務之上的，這才是親密關係的堅強核心。婚後生活的矛盾是夫妻雙方造成

的。兩人發生意見分歧時，要主動承擔責任和義務，而不要過分地要求對方改變觀點、習慣，因為唯一能改變的就是自己。可笑的是許多人總想用自己的意志去改變對方，不時強加一些所謂的新情趣和新思想給對方，殊不知這些做法往往事與願違。既然選擇了對方，就應該讓對方保持自己的個性，發揮自己的特長。

多些理解和寬容

夫妻之間要互相體貼並善於體貼。在清晨或睡覺之前，夫妻坐下來交流一下想法，交換一下意見，比如家庭計畫、困難、分歧、誤會及其他生活問題，儘管這些只是生活瑣事，但是一旦這種交流想法和交換意見的習慣逐步建立起來，婚後生活中發生的摩擦和緊張就會輕易地緩和下來。透過這種形式，男方要了解女方的心理特點，了解感情在她心中所占的比重，她們的感情既細膩，又極為敏感。如果男方老是計較女方的情緒波動和日常瑣事，勢必造成夫妻不和，氣量大是愛情生活中不可缺少的氣質。

相互尊重和信任

可以說，沒有信任就沒有愛情，而彼此的尊重、必要的禮節，也不能和虛情假意相提並論。在這個前提下，還要互相忍讓，因為它是婚姻的潤滑劑。

有人錯誤地認為，好伴侶彼此應該是坦白而無隱私的。有此心態的伴侶，常要對方無條件忠於自己，要求對方在心靈上沒有任何隱私。倘若偶爾發現，便耿耿於懷，怒火中燒。事實

上，每一個人的心靈深處都有完全屬於自己的一方天地，它不對外開放，也不准人強行入內。由此不難發現，伴侶雙方的隱私內守比坦白要明智得多。

要做到夫妻之間長相知，不相疑，首先互相要有深刻的理解。

要常常交流感情，有了誤會應及時說個明白；其次是要有高尚的情操。嫉妒、猜疑都源於自私的陰暗心理；第三是要建立充分的自信心。

只要妳的婚姻是自願的，對方總有妳所愛的地方和一定的吸引力。就算在學識地位上有差距，也千萬不能自卑，應該充分發揮自己的特長。婚姻雙方是平等的、互補的、互相需要的、互相吸引的。

不要在不適合自己的人身上浪費時間

20 幾歲的時候談戀愛如此單純，這時的我們只要愛情不要麵包，年輕就是資本，一切都可以奮鬥。愛了就是愛了，愛得那麼執著，愛得那麼義無反顧。經歷過風風雨雨的歷練後，我們，世故了許多，考慮的事情多了許多，這時的我們要麵包還想要愛情。但事實往往是，魚和熊掌不可兼得。這就好像我們在幼稚園老師分東西吃的時候，有葡萄和西瓜，兩種都是妳最愛吃的，但妳只能選其一，這時候妳會猶豫不決，選了葡萄意味著妳就要放棄西瓜；反之，就要放棄葡萄。問題的關鍵在於，

兩者妳都喜歡，妳都想要，這時容不得我們猶豫，稍有猶豫，等妳思量再三考慮好的時候，西瓜和葡萄早已被別的小朋友搶光了。這時候妳應該做何選擇呢？如果選擇伴侶也像選擇西瓜或葡萄這樣，倒也安心，最棘手的問題在於，如果還有桃、糖果等更多的選擇擺在妳的面前，而這時妳甚至連自己最想吃什麼都不知道，這才是最頭痛的。何況處於人生美好年華的我們事業正忙，這時往往是人在江湖，身不由己，經歷了幾次愛情的我們對愛已經沒有了當時的衝動和激情，甚至缺失了愛的能力。就這樣，我們一直在婚姻的城牆外徘徊猶豫，我們像個無助的小孩，在圍牆外面吶喊，但卻總是進不去。

　　只要我們稍加留意就會發現，這些遲遲沒有結婚的青年女孩並不是因為貧窮和醜陋，相反，多半是既有事業也有美貌。她們對自己苛求完美，同理，她們對自己要找的愛人也苛求完美。世界上除了男人就是女人，提供給她們太多的選擇，令她們眼花撩亂。每個人都希望有選擇，而且希望做出正確的選擇——即使不是最好的，至少也是比較好的。選擇好的，是人之常情，但稍微有點生活常識的人都知道，買房並不一定最大最豪華的就是最好的，關鍵在於給自己一個準確的定位，要以經濟基礎和個人喜好為依據，不能眼高手低，要做到心中有譜。其實選擇伴侶和買房是一個道理，沒有最好的，只有最合適的；最合適的，才是最好的。

　　選擇如同穿鞋，大小合適最重要。人都有好大喜功的心理，卻往往做了許多完全沒有必要的事。買電腦追求功能全、配備好，花了不少錢，許多功能其實根本用不上，白白浪費

了，有人只花一半錢，卻享受同樣的功能，因為他們知道夠用就行。

幾個人在岸邊垂釣，旁邊幾名遊客在欣賞海景。只見一名垂釣者竿子一揚，釣上了一條大魚，足足有 3 尺長，落在岸上後，仍跳躍不止。可是釣者卻用腳踩著大魚，解下魚嘴內的釣鉤，順手將魚丟進海裡。周圍圍觀的人響起一陣驚呼，這麼大的魚還不能令他滿意，可見垂釣者雄心之大。就在眾人屏息以待之際，釣者釣竿又是一揚，這次釣上的是一條兩尺長的魚，釣者仍是不看一眼，順手扔進海裡。第三次，釣者的釣竿再次揚起，只見釣線末端鉤著一條不到一尺長的小魚。圍觀眾人以為這條魚也肯定會被放回，不料釣者卻將魚解下，小心地放回自己的魚簍中。遊客百思不得其解，就問釣者為何捨大而取小。想不到釣者的回答是：「噢，因為我家裡最大的盤子只不過有一尺長，太大的魚釣回去，盤子也裝不下。」

我們談戀愛也一樣，都想找氣質好、人品好、家庭出身好的戀人，但交往了一段時間卻發現，條件好的情侶未必是自己的最佳選擇，而最後能和自己走到一起的還是彼此情投意合、有共同語言、脾氣性格相符的。所以說，不考慮自己實際的需求，盲目追求完美，結果反而是得不償失。

最好的未必是最合適的，但最適合自己的一定是最好的。

愛情絕不是生命的全部，除此之外，我們還有更多的事情需要去做，而不必在此浪費時間，特別是不要把感情浪費在不合適的人身上。

有一個故事：

一個女孩發現和自己訂有婚約的男孩愛上了另一個女孩，並且也不可能回心轉意了。於是，她將自己打扮得非常動人，然後約他見面。

當他看見她的樣子，竟被迷住了。

然而她卻在這最美的時候向他提出了分手。

最後離開，留下了一個灑脫的轉身。

他卻為此愣住了。

而她，正因為這個轉身，為自己留下了尊嚴和一份從容，以及讓他後悔的餘地。

當妳發現對方不適合了，不要一味地忍讓、包容，這樣只會導致對對方的縱容。

受了傷害，就有權離開。不愛了，就要果斷。

和不適合的人分開，才可以讓自己有機會去遇見合適的人。

蔡依林曾唱過一首歌，其中有這樣一段歌詞：

「你給的傷害，我是真的很難釋懷。」

「終於看開，愛回不來。而你總是，太晚明白。最後才把話說開，哭著求我留下來。」

在感情裡，我們是不是也應該以這樣一種姿態去愛呢？

第五章
別忘了享受優雅從容的人生

坦然面對正在慢慢變老的事實

哪一時段是生命中最好的年齡呢？

電視節目拿這個問題問了很多的人。一個小女孩說：「2 個月，因為你會被抱著走，你會得到很多的愛與照顧。」

另一個小孩回答：「3 歲，因為不用去上學，你可以做幾乎所有想做的事，也可以不停地玩耍。」

一個少年說：「18 歲，因為你高中畢業了，你可以開車去任何想去的地方。」

一個女孩說：「16 歲，因為可以穿耳洞。」

一個中年婦女回答說：「25 歲，因為你有較多的活力。」這個婦人 43 歲。她說自己現在越來越沒有體力走上坡路了。她 15 歲時，通常午夜才上床睡覺，但現在晚上 9 點一到便昏昏欲睡了。

一個 3 歲的小女孩說生命中最好的年齡是 29 歲。因為可以躺在屋子裡的任何地方，虛度所有的時間。有人問她：「妳媽媽多少歲？」她回答說：「29 歲。」

某人認為 40 歲是最好的年齡，因為，這時是生活與精力的最高峰。

一位女士回答說 45 歲，因為她已經盡完了撫養子女的義務，可以享受他們的孝敬了。

一個男人說 65 歲，因為可以開始享受退休生活。

最後一個接受訪問的是一位老太太，她說：「每個年齡都是最好的，享受你現在的年齡吧！」

「沒有人活在現在，大家都活著為其他時間做準備。」是的，大多數人不是在回憶過去的美好時光，就是在為了將來的美好時光冥思苦想，疲於奔命，唯獨忘了要把握現在，享受現在。

其實，現在才是妳真正能把握住的。只有妳現在的年齡是最真實的，不要逃避現在的真實與瑣碎，讓歡樂成為現實的中心。如果有荊棘刺破妳的腳，那也是現在最真實的痛。

擁有一顆年輕的心

如果有人問成大事者：「廉頗老矣，尚能飯否？」有時成大事者會調侃地說：「Yes，還是兩碗半。」

這就是成大事者的心態，由此不難看出成大事者善於保持年輕的心態。

沒有人可以把時間留下，更沒有辦法讓它留下我們的青春和美貌。於是，人們就開始尋找一種心靈寄託──擁有一顆永遠「年輕的心」。但是，不是每個人都能找到「年輕的心」，有些女人沒有變老之前，心卻先老了。是她們生活得不好嗎？其實，是這些人的心志太薄弱，她們已經幫自己定下了心理定式：在年輕的時候，以為自己 45 歲就一定老了，到 50 歲就日落西山了。

記得約伯說過：「你害怕什麼事情，這些事情就會降臨到你的頭上。」是我們的心理在作怪，它加速了我們心理對自己的老化。它使怕老的人和那些猜測它的人很快就會變老，而那些對

生活有著無限嚮往的人卻在一種年輕的心態中快樂地生活著。怕老的人妳為何不放鬆自己，去尋找快樂的蛛絲馬跡來裝飾我們自己的空間呢？所以，我們應該為快樂做準備，去猜測快樂什麼時候到來，這樣妳就會把年輕的心找回來。

思想的影響對我們來說是巨大的，不要認為自己沒有快樂了，不適合做這樣那樣的事情。

美國著名法學家小奧利弗·霍姆斯 80 歲的時候，有人問他永葆青春的祕訣是什麼？ 他回答說：「主要的原因是要保持愉快的態度，要對自己滿意。我從來沒有感到願望得不到滿足的痛苦……躁動、野心、不滿、憂慮，所有的這些都使皺紋過早地爬上了額頭。皺紋不會出現在微笑的臉龐上。微笑是年輕的資訊，自我滿足是年輕的源泉。」

因此，我們需要學會知足。這種知足不是遲鈍，而是一種從虛榮、狹隘、擔憂和焦慮中的解脫，那些東西將會在我們成功的路上絆倒我們。這位老壽星所批評的野心是自私和虛榮。

一位 111 歲的老人陳椿有一句話說得極妙：「一件事，想通了是天堂，想不通就是地獄。既然活著，就要活好。」其實，有些事情是否能引來麻煩和煩惱，完全取決於我們自己如何看待和處理它。所謂事在人為，結果就大相徑庭。

我們要留住歲月的腳步，就要看一看充滿希望的前方，而不後悔過去。保持年輕的心態，這樣才能讓冷漠和單調遠離妳的容顏，使妳青春常駐。

古時候有人向一位長壽智者請教永葆青春的祕密。智者說：「我的祕密是每天堅持學習一些新東西。」古希臘人也有同樣的

觀點：永遠年輕的祕密就是永遠學習新的東西。

上面的這兩句話中飽含無限的真理。健康的活動增強了心靈和體質的力量，讓妳靈活敏銳。如果妳要留住歲月的腳步，妳必須樂於接受新思想，開闊心胸，多一些愛心和同情心，在人生的路途上不斷探索真理。

歡樂、希望和愛心是延緩衰老的良藥。一個富有同情心的人才能夠留住歲月的腳步。她必須驅除擔憂、嫉妒和仇恨。這些東西令人痛苦，讓人衰老。純潔的心靈、健壯的身體、寬廣的心胸和堅強的意志是年輕的源泉。我們每一個人都有資格過一種年輕的生活。

當妳有一天，尋找到了快樂源泉的時候，也將是妳成功的時刻。在成功的喜悅中，快樂是永恆的，無論多少年後妳想起那個時刻，妳就會覺得現在的妳還是年輕快樂的。

笑一笑，十年少

「笑一笑，十年少。」這句俗語似乎令我們的耳朵聽起了老繭，所以很少去思索其中的含義所在。其實，笑是一種愉快的情緒反應，一種積極的情緒反應。燦爛的笑容，就像花兒一樣，使人生絢麗多姿。它能對人體的生命活動產生良好的作用，它可以調動和充分發揮機體的潛在能力，提升腦力和體力的效率和耐久力，增強機體的抗病能力。

人笑的時候，肺部擴張，呼吸運動加快，肺泡內的一些通常不被排出的「廢氣」被排除，呼吸較為徹底；人笑的時候，全身自然放鬆，血液循環更為順暢。人體各組織器官處於一種良

好的氧氣和養料的供給狀態。根據現代醫學的觀點，笑是一種運動，它可以調節大腦皮層、網狀結構、邊緣系統和植物神經系統的功能，不僅使機體代謝旺盛，而且還能消除不良情緒和精神緊張。笑，就像是促進人體健康的營養。

笑可以延年益壽。古代醫籍《內經》中早有記載：「喜則氣和志達，榮衛通利。」也就是說愉快的情緒狀態可以使人保持健康，益壽延年。情緒是一種心理體驗，其同時伴有一個物化過程。人在極為嚴重的消極情緒裡，不僅代謝功能失調（如心率、血壓和消化功能的紊亂），而且沮喪、悲痛、嫉恨、緊張、恐懼、敵意等情緒會使體內分泌破壞或降低具免疫功能的化學物質。所以，不良的情緒，使人處於一種軀體疾病和心理疾病的易感狀態，對外界的不良刺激（包括生理的和心理的）表現為過敏反應。而笑則能使人漸漸「氣和志達」，然後「榮衛通利」。消除了不良情緒和神經緊張感，心中的積鬱盡散。不良的心理能量釋放後，人會倍感輕鬆，機體由此而進入一種良好的免疫狀態。

長此以往，豈有不延年之理？

不要與失望結緣

人生不如意事十有八九，所以，失望也成了我們生活中的常客。當妳為事情發展的結果而沮喪時，當妳為眼下的狀況而悵然若失時，無法否認的是，妳的心已經被失望牢牢地占據了。

　　有人說，失望是人生扯不斷的緣分，因為人人都對未來懷著希望，也為自己定下了一個個目標，但並不是每個希望都能得到滿足，每個目標都能實現，所以，失望自然是免不了的。

　　在下一次真正陷入失望情緒以前，不妨從以下三個方面來檢討一下妳的失望是否有足夠的根據。

　　首先，妳的期望合理嗎？

　　有句俗話說得好：「沒學會爬之前，不要去學跑。」為什麼呢？還沒有學會爬呢，就想學跑，那結果是一定會令妳失望的了。所以說，我們應該追求跟自己的能力大小相當的目標。如果妳對電腦一竅不通，卻想要編寫一個電腦軟體，那就有點異想天開了，結果也必定是失望；妳本來是成熟型的女性，卻想讓別人覺得妳清純可愛，結果一定會十分彆扭，妳想不失望都難。有時候，儘管妳的目標和妳的能力相符，但目標的實現過程受到客觀條件的制約，結果不由妳控制，也難免令妳失望。比如應聘某個職位，雖然妳的實際能力已經達到該職位的條件，但符合條件的人可能不止妳一個，主管經過綜合考慮，覺得另一個人更適合該職位，於是妳不得不面臨應聘失敗的結果。這時候，妳必須接受現實，承認自己確有不盡如人意的地方，在以後的工作中努力改正它，然後定下另外的更適合妳的目標，並朝該目標努力，這樣，下一次的機會就不會從妳身邊溜走。

　　其次，妳的期望是靈活的嗎？

　　去電影院看一部妳特別想看的電影，買票了，進場了，但電影院負責人突然宣布，由於某種原因，不得不改放別的影

片。儘管負責人再三道歉，並且承諾會找一個同樣好的影片代替，但這畢竟有些令人失望。假如妳執著於原來的期望，就會為影片的臨時變動而頓覺掃興、沮喪，沒有了再看下去的念頭，即使勉強把電影看下去，也會百般挑剔，情緒低落，更別說享受了。其實，妳想看的那部電影，改天還可以再看，只不過晚點而已；現在放的這部影片，只要妳認真地觀看，也一定會獲得一些意外的驚喜，所以妳完全可以先拋開妳原來的期望，全身心地來欣賞這部電影。畢竟，為了這點小事破壞妳的心情，而這又不可能改變現狀，實在有些不划算。

當妳的期望在實現過程中遇到了無法逃避的障礙或暫時無法克服的挫折時，那妳不妨降低自己的期望或轉變自己期望的內容。所謂「退而求其次」、「退一步海闊天空」，其實說的都是這個道理。只有懂得變通，靈活改變妳的期望，才會出現「柳暗花明」的奇跡，才能有「塞翁失馬，焉知非福」的驚喜。

再次，妳的期望來自互相攀比嗎？

妳計劃 5 年內買一套自己滿意的房子，可是周圍的人在這 5 年內紛紛都有了自己不錯的住所。妳實在覺得很失望，因為妳必須等到 5 年期滿才有可能擁有自己的房子。回頭想想，妳的計畫其實是最符合你們家的實際情況的，那麼為什麼妳總是擺脫不了失望情緒的困擾？這只有一個原因，妳拿自己的情況與那些家境比妳好的人相比，所以 5 年這個期限對妳來說就顯得有些長了。這個時候，想要心裡舒服，妳就必須改變看待問題的角度。5 年雖然不算短，但這恰恰可以激勵妳去為創造美好的未來而努力。而且，比起那些靠父母資助買房子的人而言，妳

的房子價值更高、意義更大，住在這樣的房子裡，妳也會更加幸福、滿足；為房子而拚命攢錢的這 5 年，有可能是妳人生中過得最充實的 5 年、最值得回味的 5 年、最意義重大的 5 年。這樣想想，好像也沒有什麼值得失望的。

我們並不是要徹底杜絕互相攀比，一個人生活在社會中，如果從來不關注他人的狀況，我行我素地生活，其實也很可怕，很直接的一個結果就是，人類不可能有進步，社會不可能有發展。攀比使人看到自己的不足，使人反省自己的過失，使人努力追求進步。當然，攀比的這些好處需要妳真正看得到才行，如果妳一跟別人比較，一發現自己的不足，就灰心失望、意志消沉或怨天尤人、心存嫉妒，那就沒什麼意思了。

現在再回頭看看妳原本的期望，妳還覺得妳有失望的必要嗎？當然，失望代表了對現實的不滿，在一定程度上能激勵我們追求進步，這表現了失望情緒的積極性。但是，失望之後，還得很快找到希望才行，不然，可是傷心又傷身呀！

友誼是人生中不可或缺的

紀伯倫說過：「你的朋友能滿足你的需求。你的朋友是你的土地，你懷著愛而播種、收穫，就會從中得到糧食、柴火。」

友誼是心靈的溝通，情感的交流；是無私的關懷，寶貴的信任；是正直的告白，熱情的鼓勵。

友誼是對理想的共同追求，是前進路途的真誠合作，是困

難關頭的相互支持，是人生道路上的光明燈塔。

　　友誼能夠調節人的情感。當妳遭遇挫折而感到憤懣憂鬱時，向摯友的一席傾訴可以使妳得到疏導。妳盡可以向朋友傾吐妳的憂愁與歡樂，恐懼與希望，猜疑與煩惱。如果妳將憂愁和一個朋友傾訴，憂愁將被分擔一半，而妳將快樂傳遞給一個朋友，就將收穫兩份快樂。

　　友誼能夠增加人的智慧。當妳思緒雜亂無章、一籌莫展的時候，與朋友促膝而談可能會比妳獨自冥思苦想有效得多。朋友的一個建議、一點看法將使妳擺脫紛亂的思緒，「一語點醒夢中人」，妳的頭腦變得清醒，更容易看出隱藏在事物現象下的本質。

　　友誼能夠完善人的性格。「忠言逆耳，良藥苦口」，好朋友不怕得罪妳，總會善意地向妳提出忠告，只是真心地希望妳變得更好、更成功。許多偉人身邊總不乏這樣的益友。

　　對於充滿感性，心靈世界豐富多變的女人，從某種意義上說，朋友的作用幾乎比戀人或丈夫的作用還要大。朋友能使生活絢麗多彩。在生活的關鍵時刻，朋友比家庭成員更有用。部分原因是他們和妳沒有血緣關係，又沒有契約約束，他們根本不屬於妳，也沒有和妳結為一體。妳失敗的時候，他們並不感到羞恥，因為沒有任何人把妳和朋友連繫在一起考慮。甚至也沒有人知道你們一直在相互來往。但是作為丈夫、家庭成員甚至戀人就不一樣了，妳遇到的麻煩馬上就會連累他們。

　　從朋友身邊離去時，妳會感到朋友智慧的建議對妳大有幫助。妳和朋友接近時，可以比和丈夫、和戀人談論更多的東

西。除了朋友，妳還打算向誰談論妳的丈夫或妳的戀人呢？對朋友來說，不管妳發生什麼事，他們都會使妳恢復常態⋯⋯不會使妳失去理智，不會使妳感到孤獨。

朋友總是在妳不在的場合毫不猶豫地代表和維護妳的利益，在聽到有可能對妳造成不利影響的流言蜚語或無恥謊言時，堅決地予以制止和反駁⋯⋯在妳哭泣的時候，他們替妳哀傷；在妳歡樂的時候，他們為妳祝福。

女人不能離開友情的滋潤。友情是女人一生最珍貴的財富。

正如馬克思的一句名言：「人的生活離不開友誼，但要得到真正的友誼卻是不容易的；友誼總需要忠誠去播種，用熱情去灌溉，用原則去培養，用諒解去護理。」

許多女人都有過相同的困擾，抑或現在正受此困擾，在妳越是需要朋友的時候，越容易發現自己的朋友怎麼那麼少？而且在這寥寥可數的幾個朋友當中，恐怕也難找到一個有空與妳相伴的人。

朋友都到哪裡去了？這個問題有時想起來不免令人感到淒涼，其實正確的問法似乎應該是：「我到底有沒有朋友？」及「我究竟多久沒交過朋友了？」

或許妳也會嫉妒那些長袖善舞、活潑外向的女人，她們似乎天生有一種交朋友的才華，因此永遠不會寂寞。但是根據許多心理學家的研究卻發現：交遊廣闊的人不見得是天生善於交際的，很多知己滿天下的人通常都對友誼的經營頗花費了一番工夫。

一份友誼的建立是以真誠為基礎的。首先不能戴著「有色眼

鏡」去交往。妳看重的不是對方的外貌美醜、家境貧富、地位高低，而是她或他身上散發的人格魅力，是你們之間是否有共同的志趣等，勢利小人、偽君子不會有真心的朋友，功利性的交往最多換來一些虛偽的假客套，絕不是真正的友情。

其次，對朋友要講信用，言出必行，信守承諾。答應朋友的事情，能做到的一定要及時做好，不要推諉；如果有困難做不到的，就要早點和朋友解釋清楚；肯定沒有可能做到的，不要愛面子，明確地說「不」，真正的朋友一定能理解。不僅對朋友如此，在生活中、工作上，誠信都應該是女人必備的美德。

更難得的是同甘共苦，患難與共。在朋友處於困境中時，不要丟下他們逃跑，或者不聞不問。真朋友應該主動地關心對方，只要是能做到的，就毫不吝惜地為對方付出，妳是怎樣做的，在將來妳遇到同樣的情況，妳的朋友也會這麼做。

友誼之花經真誠的甘泉灌溉，才能開出至真至美的花朵，結出人生的果實。拿出妳的真誠來，不要錯失任何一份可貴的友誼。

內涵是女性的魅力之本

用「清水出芙蓉」來讚美華人女性，是十分形象的。華人女性是美麗的精靈，勤勞的楷模，智慧的化身，也是一道永恆的風景。歷史告訴我們：女人和男人一樣，是個大寫的「人」。為了做大寫的人，女人在實現自我、展示自我。女人有女人的

世界，女人有女人的生活，女人有女人的精彩，女人有女人的內涵。

美麗的女人是一種風景，令人賞心悅目、流連忘返。但美貌畢竟是外在的東西，花容月貌的女子倘若出口成「髒」，倘若舉止粗俗，倘若尖酸刻薄，倘若狹隘無知，便只會令其光鮮的外表頓時黯然失色，再美的外表沒有深厚的內涵作依託，也只是「金玉其外，敗絮其中」，令人遺憾。

與之相反的是，一個擁有無窮內在魅力的女人，善良、溫柔、優雅、大方……縱使外表平凡如常人，卻總會令人刮目相看。這個女人也會因此而變得可愛，變得生動。在他人的眼中，有內涵的女人美得更脫俗、更恆久。

曾經有一部電影，片中女主角是個相貌普通的平凡女人，但她偏偏愛上了英俊瀟灑、富有才幹的頂頭上司。雖然她的勤奮工作和善良的為人讓上司很有好感，但她心中明白自己無法贏得一個如此優秀男人的愛情。

在一次大型酒會前夕，她對著鏡中那個一身灰色裝扮的女子嘆了口氣，決定不去參加。在那種場合，有太多美豔如花的佳麗，衣香鬢影，環佩叮噹，她這隻醜小鴨怎能忍受心上人被別人吸引的痛苦。她垂下頭，在心中悄悄許下一個願望，只要能變美，哪怕一個晚上，也心甘情願。

奇怪的事發生了，化妝間的燈光突然熄滅，幾秒鐘後再亮起，她發現面前多了一雙晶瑩剔透的水晶鞋。她撫著怦怦亂跳的胸口，小心地換上那雙鞋，偷眼望鏡中人，她立刻驚呆了。那絕對是個美豔不可方物的女人，長髮垂肩、明眸皓齒、纖腰

一握……欣賞了許久，再脫下水晶鞋，又變回了捲髮凌亂、戴副黑框眼鏡的自己。她明白過來，欣喜莫名。

憑著這雙水晶鞋，她如願以償，在第一時間吸引到上司的注意，他驚豔的目光讓她又高興又心虛。然而往後的日子卻讓她變得越來越不安，白天她是那個樸實、可愛的「醜小鴨」，眼巴巴地用目光追隨心愛的男人，晚上卻要變成高貴的「白雪公主」與心中的王子約會。她覺得這種人格分裂的生活簡直是一種折磨，何況，對他也並不公平。如果他知道這一切不過是個騙局，會有多麼惱火。

日子一天天過去，隨著了解的加深，她發現他並不如想像中那麼淺薄，他為人正直、誠懇，胸襟寬廣。他甚至常在「公主」面前盛讚「醜小鴨」的善良溫柔，他固然與天下所有男人一樣，在美色面前容易動心，但他同樣在乎愛人是否有一顆真誠善良的心。他對辦公室裡的「醜小鴨」也越來越溫柔、呵護，真真假假，令她意亂情迷，實在無法繼續扮演兩個不同的角色。

終於有一天，她以本來面目來到約會地點，在愛人驚訝的目光中，她將真相和盤托出，她相信一切美麗的幻想也將煙消雲散，她將永遠地失去眼前的這個男人。然而他卻露出恍然大悟的表情，說難怪和「公主」在一起時，總有似曾相識的感覺，甚至產生過錯覺，把她們當成一個人。

他握住她的手，深情地說，其實她變成怎樣都無所謂，一直以來他喜歡的正是她的全部，是她給他的那種寧靜溫馨的感覺。

她完全不敢相信所聽到的一切，她覺得自己是那麼幸運，

從此，她不用再依賴那雙神奇的水晶鞋，就能夠留住愛人的心。她將水晶鞋從包裡取出來，再無留戀，將它們丟進了深深的湖水中……

當然，神奇的水晶鞋並不存在，溫馨浪漫的電影故事只不過是想告訴我們，與外表美相比，內在美更深刻、更真實。內涵是女人魅力之本，保有真誠善良的心，比孜孜不倦追求外表豔麗動人更有價值。

外表美的女人除了容貌光彩照人，再也沒什麼了。當她們的秀色隨著內容的陳舊而黯淡憔悴下去之後，就會讓人漸漸感到單調和厭倦。

而有內涵的女性，一行行文字樸素而高貴，和表面的那種視覺之美有著本質的區別。只要細細地閱讀，就會感到她的優秀和可愛。不論歲月怎樣流逝，不論紙張怎樣古舊，都不會削弱她內在的魅力，它們來自她的生命內部，源源不斷、綿綿不絕。

20幾歲的女人可以不美麗，但不能沒有內涵，唯有內涵能賦予美麗以靈魂，唯有內涵能使美麗長駐，唯有內涵能使美麗得到質的昇華。

充實妳的內涵，似乎是一句華而不實的話。因為內涵本身就沒有一個固定的標準，它只是個人的某種涵養，屬於個人身上的一種很內在的東西。

但內涵有時又很具體，小到面試時的鎮定自若、不卑不亢，大到外交談判上的談笑風生、據理力爭，內涵又似乎處於我們生活中的每一方面，在每一件小事上都能展現出來。

那麼，又該如何提升妳的內涵呢？一般而言，傳統的琴、棋、書、畫是充實內涵的最好方式。因為這四者中無論哪種，其本身就蘊含有極其深厚的文化底蘊在內。妳學琴，自然得平心靜氣、內外一心，才能體悟到那高山流水之音；妳學棋，那質樸的黑白世界更是容不得三心二意，必須用心專一；而沒有寬博的胸懷與平淡的心境，又如何領略王右軍的線條流暢、張旭的豪情揮灑；沒有一種恬淡的心，又如何理解齊白石的淺水蝦戲？

不過，由於琴棋書畫要求有一定的時間與精力，有時更要求一種良好的天賦，故而對現代都市女性而言略有困難。

要想充實內涵，有一些比較簡單的方法。比如運動、讀書等等。一般而言，運動比較能夠鍛鍊一個人堅韌的品格與專一的意志。經常運動也易使人心胸開闊、性情開朗，如果是團體性的運動，則更加容易培養人的團隊合作精神。而讀書則是充實內涵的最普遍、也是最簡單的方式。在工作繁忙之餘，讓自己進入知識的世界，與前賢今聖交談，妳學的不僅是知識，更重要的是一些做人的基本道理與準則。

其實，只要培養一門業餘愛好，無論是跳芭蕾，還是唱卡拉 OK，或是其他的什麼，只要是那些有益身心的事，都可能在潛移默化中對妳的內涵養成產生影響。

記住，內涵養成不是一朝一夕的事，而是一種潛移默化的作用。行動起來吧，讓妳的業餘生活更豐富，試著抓住其中每一點滴的啟迪，讓自己更多地感悟人生、感受生活，做一個內外雙修、人生精彩的女人。

爭取做個勤快的女人

　　人的一生是短暫的。一個人在短暫的一生中真正要成就一番事業，那就一定要勤奮。古往今來，凡事業有成者，無一不是在事業中勤奮執著的追求者。

　　勤奮是通往成功的敲門磚。大千世界，五彩繽紛，人們很容易左顧右盼、見異思遷。但天才和靈感的女神，往往鍾愛的只是不畏辛勞、甘灑血汗的勤奮者。「勤」和「苦」總是緊密相連、如影隨形。一切天才的機遇和靈感，從來都是以勤奮為前提的。勤奮不僅意味著吃苦與實幹，而且必須持之以恆、百折不撓，才有可能叩開成功的大門。

　　勤奮作為中華民族的傳統美德，最需要毅力的支撐。而頑強的毅力，來源於遠大的目標與強烈的事業心。我們只有樹立崇高的理想，具備堅強的毅力，勤奮不懈，才能夠贏來事業成功的喜悅。

　　人世沉浮如電光石火，盛衰起伏，變幻莫測。如果妳有天分，勤奮則使妳如虎添翼；如果妳沒有天分，勤奮將使妳贏得一切。命運掌握在那些勤勤懇懇工作的人手中。推動世界前進的人並不是那些嚴格意義上的天才，而是那些智力平平而又非常勤奮、埋頭苦幹的人；不是那些天資卓越、才華四射的天才，而是那些不論在哪一個行業都勤勤懇懇、勞作不息的人們。

　　天賦超常而沒有毅力和恆心的人只是轉瞬即逝的火花，許多意志堅強、持之以恆而智力平平乃至稍稍遲鈍的人都會超過

那些只有天賦而沒有毅力的人。懶惰是一種毒藥，它既毒害人們的肉體，也毒害人們的心靈。無論多麼美好的東西，人們只有付出相應的勞動和汗水，才能懂得這美好的東西是多麼的來之不易。

勤奮對於女人來說，是一種難能可貴的品格。曾幾何時，社會上流傳著這樣一句話，「做得好不如嫁得好」。於是乎，女人習慣將自己拴在男人的腰帶上，享受著男人在外打拼收穫的果實，衣食無憂的安逸生活讓很多女人嚮往，有多少「商人婦」終日流連於商場、麻將桌邊，逐漸成為男人的附屬品。貪圖享樂、不思進取的消極生活態度會令女人慢慢地喪失自我，失去人生的價值，這些眼界狹窄的女人或許不曾想過：一旦失去了男人給予的一片天，將淪落到多麼悲慘的境地。

與她們恰恰相反，勤奮的女性以一顆永不知疲倦的心，在生命的舞臺上展現出最華美的風姿。

她們會身著各色職業裝，昂首走進一座座寫字樓、一間間辦公室。她們會在「職業女性」這個位置上無愧於自己的白領、粉領或藍領職位。她們當老師、護士、演員，她們也當政治家、企業家、科學家。外在的天高雲淡給了女人自由呼吸的空間；內在的月朗風清更給了女人自由搏擊的力量。她們或許並不都是明豔動人，或許並不都是聰慧過人，但她們自信、樂觀，勇於克服各種困難，以證明自己的能力和實力。

邱吉爾說過：「一個人最大的幸福就是在他最熱愛的工作上充分施展自己的才華。」勤奮的女人，把全部精力用來打理事業。她們忠實、勤奮，即使只是一份普通的工作，她們也會用

對待事業的熱忱去經營。

在適當的位置上勤奮工作，能使她們保持一種健旺的精神。勞累一天能為她們帶來愉快的睡眠，勤勞的生命帶來愉快的享受。勤勞的生命是長久的，像一兜富有韌性的常青藤。她們每天都在為一項有意義的事業而思考、而行動，因而也會獲得忙碌的快意和收穫的喜悅。點點滴滴的才華都在一天天開花、結果，這種幸福感是綿綿不絕的。

勤奮的女人就是這樣，她們有矢志不渝的追求，把工作、事業當作是一種幸福，在辛勤地耕耘中體味無窮的樂趣。她們沒有時間說長道短，沒有興趣感慨人生空虛，只會催促自己不要浪費時間，努力，再努力一些。

她們無一例外，都是敬業的女人。

她們遵守上班時間，從不遲到早退，她們把準時出勤當作是展現自己良好品格的一部分。和那些急急忙忙、妝容凌亂趕著上班的女人相比，勤奮的女人永遠從容自然，給人一種非常舒服的感覺。

她們工作認真負責。對於手頭的任務，無論鉅細，都以百倍的熱忱去對待它，自始至終，從不藉故拖延。即使是很瑣碎的事情，也不會失去耐心。

她們做事的風格乾淨俐落，給主管、同事留下很好的印象。

她們不斷充實自我。身處日新月異的資訊時代，她們深知不進則退的道理，因而從不忘記自我「充電」。眼前的工作得心應手，不代表未來還能跟得上形勢變化的節奏。勤奮的女人擁有進取之心，善於在工作中學習，善於吸收行業內外方方面面

的知識，讓自己的內在資本變得更加雄厚。

天道酬勤，偉大的成功和辛勤的勞動是成正比的，正所謂「有志者，事竟成；有心人，天不負」。只要妳付出了努力，命運就會垂青於妳，相信功夫不負有心人的道理，不投機取巧，踏踏實實做人做事，妳就一定可以成功。

勤能補拙，勤奮會讓一個平凡的女人懂得珍惜時光，懂得努力進取，力求進步，發憤圖強，永不停息。經過歲月淘洗，平凡也會變得出色，暗淡也會綻放光華。勤奮會讓自信的女人們勇於超越「第二性」的性別定位，跟男人一起共同面對各式各樣的生存困境和極限挑戰，作為智者去認識，作為主人而歌唱。

心事是自己的祕密

羅曼·羅蘭（Romain Rolland）說：「每個人的心底，都有一座埋藏記憶的小島，永不向人打開。」馬克·吐溫也說過：「每個人像一輪明月，他呈現光明的一面，但另有黑暗的一面從來不會給別人看到。」

這座埋藏記憶的小島和月亮上黑暗的一面，就是隱私世界。每一個人都有自己的隱私，一般總是那些令人不快、痛苦、悔恨的往事。比如，戀愛的破裂、夫妻的糾紛、事業的失敗、生活的挫折、成長中的過去……這些都是自己過去的事情，不可輕易示人。

遇到情投意合的朋友，妳心裡自然十分高興，隨著時間的

推移，你們的感情日益深厚。一天酒後，妳把積藏在心底多年的祕密告訴了他，這充分顯示了妳的真誠。妳相信他不會做出傷害妳的事，也許還能說明自己解決其中的部分疑難。可是不久，你們因為觀點的分歧，而發生了爭吵。第二天……

要知道，再好的朋友，一旦你們的感情破裂，妳的祕密將人盡皆知，受到傷害的人不僅是妳，還有祕密裡牽連到的所有人。

儘管對好朋友應該開誠布公，但這不代表妳不能有自己的隱私。「不相信任何人和相信任何人都同樣是錯誤的」。不相信任何人，無疑自我封閉，永遠得不到友誼和信任；而相信任何人，則屬幼稚無知，終歸要吃虧上當。兩者皆不可取，妳應該永遠記住：隱私只伴隨自己，千萬不要把它輕易告訴別人。

心事不可隨便說

我們每個人在自己的內心裡，都有一片私人領域，在這裡我們埋藏了許多心事。心事是自己的祕密，只可留給自己，千萬不要隨便說出口，也許它會成為別人要脅妳的把柄，到最後追悔莫及。

很多人有一個共同的毛病：心裡藏不住事，有一點點喜怒哀樂之事，總想找個人談談；更有甚者，不分時間、對象、場合，見什麼人都把心事往外吐。

其實這也沒有什麼不對，好的東西要與人分享，壞的東西當然不能讓它沉積在心裡，要說可以，但不能「隨便」說，因為每個傾訴對象都是不一樣的，說心裡話的時候一定要有「心

計」，該說則說，不該說千萬別說。

之所以處理心事要這麼慎重，是因為心事的傾吐會洩露一個人的脆弱面，這脆弱面會改變別人對妳的印象，雖然有的人欣賞妳「人性」的一面，但有的人卻會因此而下意識地看不起妳，最糟糕的是脆弱面被別人掌握住，會形成他日爭鬥時妳的致命傷，這一點不一定會發生，但妳必須預防。

有些心事帶有危險性與機密性，例如，妳在工作上承擔的壓力，妳對某人的不滿與批評，當妳毫不顧及地傾吐這些心事時，有可能有一天會被人拿來當成對付妳的武器，妳是怎麼吃虧的，恐怕連自己都不知道。

那麼，對好朋友應該可以說說心事吧！答案還是：不可隨便說出來。妳要說的心事還是要有所篩選，因為妳目前的「好」朋友未必也是妳未來的「好」朋友，這一點妳必須了解。即使是對家裡人，也不可隨便把心事說出來。假如妳的配偶對妳的心事的感受與反應並不是妳所預期的，譬如說，他因此對妳產生誤解，甚至把妳的心事也說給別人聽……

然而，閉緊心扉，心事「滴水不漏」也不是好事，因為這樣妳就會被人看做是不可捉摸與親近的人了，這樣非常不利於妳人生的發展。

所以，真正聰明的人應該這樣做：偶爾說說無關緊要的「心事」給妳周圍的人聽，以降低他們對妳的揣測與戒心。同時，更要對自己真正的「心事」三緘其口，這樣，妳才能在生活和工作中遊刃有餘、春風得意。

真正聰明的人從來不輕易讓別人看出他有多大的智慧和勇

氣，因為他們知道，只有這樣才能更好地獲得別人的尊重。所以，讓別人知道妳，但不要讓他們了解妳的底細，沒有人看得出妳才能的極限，也就沒有人對妳感到失望。讓別人猜測妳甚至懷疑妳的才能，要比完全顯示自己的才能更能獲得尊重。要不斷地培養他人對妳的期望，不要一開始就展示，甚至不要展示妳的全部所有。

打好隱私保衛戰

個人資訊可分為絕對隱私、非隱私、相對隱私三大類，前兩種較好掌握。比如，會對工作產生重大影響的家庭背景、親人朋友關係、情感，會影響他人對妳的道德評價的歷史紀錄；與傳統相悖的生活方式，與上司、重要人物的私交等資訊，都是需要保護的絕對隱私。說話時，最好權衡利弊，全面考慮這些資訊在曝光後可能帶來的影響，以免造成不必要的麻煩。

一件事在一個環境中說出來無傷大雅，但換一個環境則可能成為敏感的「雷區」，這就屬於「相對隱私」。分清這類隱私，要先搞清楚妳所處的環境。該如何面對相對隱私呢？切記，千萬不要把同事當心理醫生。

比如，要好的同事可能會問妳：「最近妳和男朋友的關係怎麼樣啊？」妳可以大而化之地說「還可以」。對方可能只是出於善意的關心，妳最好也點到為止，不必作進一步的解釋，識大體的同事也不會糾纏著問下去。打好隱私保衛戰，無論是辦公室、洗手間還是走廊，只要是在公司範圍內，都不要談論私生活；不要在同事面前表現出和上司超越一般上下級的關係；即使是私下，也不要隨便對同事談論自己的過去和隱祕思想；如

果和同事已成了朋友，不要常在其他同事面前表現太過親密，對於涉及工作的問題，要公正，有獨到的見解，不拉幫結派。有些同事喜歡打聽別人的隱私，對這種人要「有禮有節」，不想說時就禮貌而堅決地說「不」。千萬不要把分享隱私當成建立親密同事關係的途徑。同事也是由形形色色的人組成，都有著自己的算計。我們不妨學著換位思考，站在同事的角度想一想，也許能更理解為什麼有些話不該說，有些事不該讓別人知道。保護隱私，一來是為了讓自己不受傷害，二來也是為了更好地工作。不過，也沒必要草木皆兵，若對一切問題都三緘其口，很容易讓人覺得妳不通情理。有時，拿自己的缺點自嘲一把，或和大家一起開自己的無傷大雅的玩笑，會讓人覺得妳有氣度、夠親切。

珍惜身邊所擁有的幸福

人們很少想到自己擁有什麼，卻總是想著自己缺少什麼。不要感嘆妳失去的或未得到的，而應該珍惜妳已經擁有的。

有些人，往往是擁有時不珍惜，一旦失去後才覺得寶貴。或許在不幸降臨之前，我們一直在不斷地追求幸福，但殊不知，事實上我們早已擁有幸福。

當妳走進病房，見到許多病人還在為生命而奮鬥，當妳參加親友的遺體告別儀式，妳不覺得自己是生活在幸福之中嗎？

珍惜，對任何人來說，都是應該具有的情感。妳珍惜了生

命，生命方能長久。妳珍惜了家人、朋友的情感，尊重他們，關心他們，妳便會在友善的交流之中，獲得快樂和幸福，那麼人間就會充滿愛。

人若能以珍惜的情感對待生活中的每一天，每件事，那麼人生中擺脫不掉的悲苦，也都會變得有其存在的意義與價值了。

面對一件事，即使它是不得不做的工作，因為妳會珍惜，妳也會感到愉悅；面對一件事，如果就只當它是一件事，因為妳不懂得珍惜，妳只是在應付，即使會帶給人享受，妳也會覺得無聊。一件事情，隨便地完成它和珍惜地完成它的結果或許一樣，但是感受絕對不同。前者可能是無奈與厭煩，後者必然是欣喜與快樂。

20 幾歲的時候，讓我們多去想想「我們有什麼」，而不要想「我們缺什麼」。

20 幾歲的時候，因為美無處不在，即使在最簡樸的生活裡，在最艱難的逆境中，用珍惜、感激的心情營造生活，不以敷衍、應付的態度消磨生命。這樣，妳就會發現，美好的幸福一直就在妳身邊。

其實我們每個人都擁有幸福，這種幸福就是現在。樂觀的人會把這些看做是上帝的另一種恩賜，懷著感恩的心情去享受現實，而悲觀者則會把手中的幸福隨意丟棄。很多人只懂得為錯過太陽流淚，卻眼睜睜地看著群星從眼前消失，最後，一切都成雲煙，一切都成虛無。

一個 20 歲出頭的年輕男子急匆匆地走在路上，對路邊的景色與過往行人全然不顧。

有個人攔住了他，問：「年輕人，你為何行色匆匆啊？」

男子頭也不回，飛快地向前跑著，只說了一句：「別攔我，我在尋求幸福呢！」

轉眼 20 年過去了，男子已變成了中年人，他依然在人生的路上疾馳。

又有一個人攔住他：「喂，兄弟，你在忙什麼呀？」

「別攔我，我正在尋求幸福。」變成中年人的男子仍然急匆匆地回答。

又是 20 年過去了，這個中年人已經變成了一個面色憔悴、老眼昏花的老頭，還在路上掙扎著向前挪。

一個人攔住他：「老頭，還在尋找你的幸福嗎？」

「是啊。」他焦急而無奈地答道。

當老頭回答完這個人的問話後，不經意地向後看了一眼，他猛地一驚，兩行熱淚滾了下來。原來剛問他問題的那個人，就是幸福之神啊。他尋找了一輩子，可幸福之神實際上就在他旁邊。

年輕時，不知道什麼是幸福，什麼是生活，總以為幸福在別處，別處才是自己的歸宿，總盼望著別處不同的生活，總以為那未知的生活就一定是好的，所以不停地追尋，直到有一天猛然發現幸福原來就在這裡，就在此時。享受自身的吃、喝、拉、睡，享受各種甜、酸、苦、樂，才是生命的真諦。

幸福不在別處，幸福就在妳身邊，在日復一日的單調勞作中，在一日三餐的清茶淡飯中。

一位哲人曾說過：「我為了尋求幸福，走遍了整個大地。我夜以繼日、不知疲倦地尋找著幸福。有一次，當我已完全喪失了找到它的希望時，我內心的一個聲音對我說，這種幸福就在你身邊。我聽從了這個聲音，於是找到真正的、堅貞不渝的幸福。只有所有的一切看來都是幸福和善的，才是真正的幸福和善。因此，我們期望得到的只會是符合共同幸福的東西。誰為了這個目標努力，誰就將為自己贏得幸福。根據佛教教義，如果人們除了自己的靈魂之外，不把任何東西稱作自己的東西的話，他們就是幸福的了。」

　　我們都在尋找幸福的使者，祂在哪？祂就在我們身上。

　　「真正的幸福之源就在我們自身，對於一個善於理解幸福的人，旁人無論如何也無法使他真正潦倒。」盧梭如是說。

　　「活著，不要為自己沒有的東西去悲傷，而要為自己擁有的東西而歡喜。」當妳沮喪的時候，試著想想人生中的美好事物。

　　妳有沒有四肢與眼睛可用？有沒有關心妳的父母或伴侶？有沒有愛妳的孩子？

　　有沒有對妳未來的期待——一個假期，還是一個聚會？妳有沒有一本想看的好書，還是一個想觀賞的電視節目？一次妳等待的約會？

　　把妳擁有的所有美好事物都寫下來，然後在腦子裡設想這些事物一樣一樣都被剝奪了，那時妳的生活會變得怎樣。等妳充分體會到了這種失落空虛的感覺，再慢慢地、一件一件地把這些寶貝還給自己，這時妳一定會驚訝地發現自己好幸福啊。

　　「數數妳擁有的幸福」這個練習，能讓妳的心情飛揚起來。

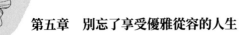

輕浮的女人無可救藥

　　女人們從做女孩開始，就一直在揣摩著自己在人前的分量。這種分量大多指風度、氣質、學問、美貌、年齡等。成熟的女人深知，使自己的「資本」升值唯一的選擇便是善待自己，自尊自重，努力保護好自己最珍貴的一面。這才是最吸引人的本錢，倘若自己不珍視，將本錢隨隨便便地供人品之賞之，便「大逆不道」。為此，女人在與他人相處時，得注意掌握分寸。女人生來就有自我保護的本能和意識，這種本能和意識表現在語言和行動上。

　　溫文爾雅、聰慧或直爽、豪放的氣質，能立刻讓人有良好的印象。但輕浮造作、故作高深或耍一些小聰明，無論如何也難以給人美的感受。

　　一個人良好氣質的形成是無法透過外在模仿來獲得的。尤其是一個人的言行舉止，如果刻意去模仿自己理想中的人物，往往會給人一種華而不實、輕浮造作的感覺。

　　氣質之美的表現，主要是在與人交往的場合中發揮出來的。因此，要想解決輕佻造作的習慣，除了在個人獨處時努力提升自己的修養，豐富自己的內心世界外，還應該注意與人打交道時的方法。

　　第一，不要盲目追求時髦。當內心深處並沒有真正喜愛一件新東西時，只因為很多人喜歡，就盲目追求時髦，以為只有這樣才能顯示出自己的時尚，這種心理往往使人顯得不夠沉

著。只有真正覺得它適合自己時，才去選擇它或追求它。

第二，與人交往不卑不亢。過於羞怯或過於狂傲都是不必要的。當這些只是用來引起別人注意的一種手段時，就顯得很無聊。提起自信，用本來面目去換取他人的真誠。

第三，不要用別人讚賞與否作為行為的標準。輕佻和造作往往是為了博取他人的讚賞。這種不明智的做法，即使影響不大，但也不可能獲得他人真心的讚揚，甚至會引起他人的反感和嘲笑，這就有點得不償失了。

第四，掌握「適度」的原則。適度往往是人的魅力所在，讓人感覺輕浮造作的人，大多不了解適度的奧祕。它在社交場合是一種因時因地而變化的活躍因素。試想，在他人極度憂傷或悲痛的場合，妳卻漫不經心地開些小玩笑，即使妳是個天性幽默的人，也會讓人留下輕浮和造作的印象。

如果妳在社交中能夠感受到這種「度」的存在，那麼，妳就會成為越來越受歡迎的人。

不要忽略了年邁的父母

「慈母手中線，遊子身上衣。」無論妳走到哪裡，身處何方，親情都是妳永遠也無法割捨的感情，在親人的關懷和庇佑下，妳的生活才變得美好而溫馨，生命也才會永遠充滿上進的動力。

親人不但能夠為妳提供良好的物質基礎，更能為妳提供巨大的精神支援，在親人的期待與鼓舞下，妳會樹立更加高遠的志向，開拓屬於自己的事業。

親情是最大的財富，是最有力的支持與保障。沒有親情的人生，不是真正的人生。有了親情，即便貧困、殘疾，也能堅強面對。

有了親情，家才是溫馨的港灣，在遭遇惡劣天氣或意外打擊時，我們只想朝家飛奔，在走過流浪漢的身邊時，我們更加嚮往家的溫暖與安全。

親人之間的相互關愛、支持、鼓勵，使我們樂觀地面對失意和不幸，使我們勇攀事業的高峰，使我們暢享豐盈的人生。

20 幾歲的妳在開創自己事業的同時，別忘記珍藏起親情中的那份溫馨。

常回家看看

「假使有人左肩荷父，右肩荷母，行萬里路也不能報答父母養育之恩；假使有人剝皮為紙，折骨為筆，和血為墨，盡情抒寫父母的養育之恩，也不能書盡。」

讀著這樣的佛語，妳的心靈是否為之深深震撼！也許很自然地就會想到自己的父母，想起天下所有為兒女操勞奔波、含辛茹苦的父母們。永遠記得上學時，每當雨天，母親撐著傘於鄉間泥濘小道蹣跚的腳步；記得在昏暗的燈光下為自己縫衣服的情景；記得在生活、課業中遇到困難時，父親的諄諄教導，語重心長；記得每次過年回家時，父母頂著瑟瑟寒風早早等候

在月臺。

在人類所有的愛中，父愛和母愛是最偉大、最無私的，「大音希聲，大象無形」，大愛不求任何回報，只要是孩子需要的，父母一定會奉獻出自己的所有，甚至是自己的身體包括生命。每個人都是父母的孩子，有的還是孩子的父母，對於這種無私的大愛一定有刻骨銘心的感受和記憶。

從小到大，我們的每一步都拉扯著父母的心，牽動著父母的情。年輕的時候，我們只知道一味地、理所當然地向父母索取，他們再苦再累也總是毫無怨言地盡量滿足我們的一切要求，即便是那些在今天看來極其無理的要求。

可悲的是，等我們真正能夠意識到、體會到父母的艱辛不易時，歲月的風霜早就染白了他們的雙鬢，交織的皺紋也累積了他們太多的滄桑。或許某一天，他們就會永遠離我們而去。那時已是「子欲孝而親不在」了……

「子欲孝而親不在」，這種巨大的遺憾可能還將發生在很多人身上。20 幾歲的妳如果還幸福地擁有父母之愛，那麼請別忘記在百忙之中抽出時間回家看看，聽聽媽媽的嘮叨，和爸爸談談工作。

父母心中「孝順的女兒」

家是一個人生命的起點，也是最終的歸宿；是療傷的去處，取暖的港灣；是只求給予不索回報的地方。不管妳是英雄或是乞丐，不管妳成功或者失敗，也不管妳輝煌氣派或落魄無奈，家始終開著門等妳回去，並隨時做好包容妳的所有的準備。因

此，家是最值得感激的地方，父母是生命中最重要的人。

如果妳取得成功，無論大還是小，請務必記得妳的父母，是父母給了妳生命、成長乃至現在的一切。

無論是哪一位父母，他們都對兒女都有著太多的關愛，太多的期盼。我們的成長，無不浸透著父母的心血。父母是我們生命中最重要的人，我們應該滿懷感恩之心，以百倍的努力提升自己，爭取早日成才。這是對父母最好的回報。

當我們剛剛來到這個世界上的時候，是父母用親情和深愛哺育我們長大；當我們遇到挫折的時候，是父母的溫暖情懷給我們安慰和新的自信。毫無疑問，正是因為生活中有了父母的呵護，溫暖才時時環繞著我們，我們的心靈才有了寄託和歸宿。但是，我們已經長大，當父母無可奈何地老去，我們應該為父母做些什麼呢？

一、家書寄真情

家信是兒女對父母的思念和對生活的思考。問候父母親和兄弟姐妹的近況，談談學校裡美好的事情，校園的美麗風景，班級的活動，宿舍裡誰又過生日，誰鬧了一個笑話……談談自己對讀《靜靜的頓河》或者魯迅作品的看法，談談對現實中的不滿和滿意。信寫完了，心情也舒暢了。儘管我們沒有寫進自己的煩惱和傷心，但我們用心在與家人交談，把煩惱和傷心在這種心靈的溝通中化解了。家人是治癒我們創傷的良藥。

家信是父母歡樂的源泉。父母的希望是兒女，兒女的成功是父母的心願，把妳的歡樂和成功寫信告訴父母，他們企盼的就是這一份圓滿。

家信是兒女與父母的感情紐帶。我們已經習慣了運用電話而省去寫信的時間，我們三言兩語講完了話，在電話斷線時，我們也同時疏遠了我們與父母之間的情感連結。父母多麼希望兒女多談談自己，多談談生活，哪怕是些瑣碎的事。我們總是以忙碌來掩飾不願寫信的習慣。或者哪怕寫信，也是一切從簡，這實在是我們感情吝嗇的一種表現。

　　走入現代生活，我們有電腦、電話、傳真，我們高效率地生活著，工作著，我們不再留意花時間去寫信，花時間去談我們的感受，我們變得高效而無情，我們遠離了父母，我們的心也在現代節奏中浮沉。

　　「烽火連三月，家書抵萬金。」一封家書，帶來的是兩代人的歡樂，是兒女對父母的思念，是父母對兒女的關愛。

　　不妨拿起筆來，寫下這樣兩句：親愛的爸爸媽媽，我很想念你們！你們好嗎？……

二、讚揚和鼓勵父母

　　人們往往有種誤解，認為老人不是小孩，不需要讚揚。其實每一個人都喜歡被別人讚揚。子女對老年父母所做的每件事都要表示關懷和讚揚，哪怕那件事做得不怎麼好，也應找出他好的一點加以讚揚，畢竟父母心中渴望得到子女的認可。

　　子女要鼓勵老人多參加社交活動，參加集體旅遊、體育活動和文娛活動，這樣他們就不會避世孤獨，不會把自己閉鎖在小圈子裡，會更注重自己的體態儀表，透過各種活動，使他們增進身心健康，益壽延年。

父母老了，子女的關心更不可少，和他們交談，了解他們的心理特點很重要。有的老人退休在家，子女們上班工作，孫輩們入學讀書，左鄰右舍關門閉戶，老人就會感到孤獨寂寞，特別是父母喪偶後形單影隻，孤獨感更是明顯。還有老人懷舊感明顯，退化感出現。老人最怕孤獨，做子女的要多陪老人聊聊天，要多與老人交流溝通，除照顧好他們的物質生活外，要更多關心他們感情上的需求，盡量理解並尊重他們的意見，在他們情緒低落時盡量用高興的話題去轉移他們的情緒。

三、做好自己的事業

　　把自己的事業做好，是對父母最好的回報。從小到大，我們身上寄託了父母無數的希望。他們的一生可能有著太多的遺憾，有著太多的無奈，當生命無情的老去，他們只能把希望寄託於後輩。作為後輩，一定要爭取把事業做到最好，父母的臉上才會展現出真正開心的笑容。

　　孝的意義不必多談，過多的言辭並沒有什麼意義。實際的才是現實的。試著問問自己，妳盡了一個女兒的責任了嗎？多與妳的父母談談吧，了解他們的心理，他們的需求，他們的一切……不要等到許多年以後，發出「子欲孝而親不在」的嘆息。20幾歲的女人，該是父母心中「孝順的乖女兒」，在為自己的夢想拼搏的同時，不忘記身後已漸漸衰老的父母，他們需要更多的關懷和照顧！

善良才是女人心

　　有一位哲人問他的學生：「對一個人來說，最需要擁有的是什麼？」答案很多，哲人都搖頭否定，但有一位學生的答案令他露出了笑容，那位同學答道：「一顆善心！」哲學家說：「在這『善心』兩字中，包括了別人所說的一切東西。」

　　在社會上生存，尤其是在這個充滿競爭的社會中生存，很多女人都在想方設法出人頭地，但是，在前行的時候，一定不要忘了人性當中最美好的東西：善良。

　　因為善良，女人成為可愛的使者、美麗的化身；因為善良，女人逢山開路，遇河架橋，成就許多大事業，辦成許多男人辦不成的事情；因為善良，女人使許多事情峰迴路轉、柳暗花明。下面兩個故事中，女主人公正是用一顆善良的心為世界增添了無限的美好。

　　她是一個在深山裡支教的女教師，她是個善良的女人，年紀輕輕而且性格開朗、直爽。

　　她住在學校的辦公室裡，山裡的條件很簡陋，她的小屋要當作辦公室、宿舍，還要當廚房。但她沒有任何怨言，她認為這是鍛鍊自己的大好機會。她對工作非常認真，對學生也很好。學生也很喜歡這個多才多藝的老師。

　　有一天，她平靜的生活被打破了。她的錢包丟了，而這一天唯一進過她辦公室的只有一個小女孩，一個學業成績永遠第一的女孩。在翻過了所有可能放錢包的地方後，她不得不懷疑

這個小女孩。

　　她沒有直接去詢問小女孩，而是找其他老師了解了孩子的家境。她得到的答案是：這是一個困苦的家庭，父親去世後，身患疾病的母親獨自承擔了生活的艱辛，不久前，這位母親的病似乎更嚴重了，而她們卻沒有買藥的錢。

　　她去女孩家做了一次家訪，買了一些生活用品給她們，還買了藥給女孩的母親。第二天，小女孩羞愧地找到老師。剛說了一句對不起，就讓老師制止了。她說，我知道，那是我送妳的禮物，但是，等妳有一天有這個能力的時候，妳再還給我。現在，讓我們一起保守這個祕密吧。

　　後來，這個女孩考上了一所醫學院，當了一名醫生。她沒有忘了自己的承諾，但是，老師已經調回了都市，到處都找不到，她只能透過救人來報答自己的老師。

　　很多年後，醫生忽然接到了一個重病的女人，她是被路人看見後送過來的，是突發疾病。醫院正在權衡是不是要替這個「一無所有」的女人治療時，醫生看見了病人滑落的錢包，那個錢包與當年自己「拿」的那個一模一樣。

　　打開錢包，醫生淚流滿面，錢包裡的身分證赫然寫著老師的名字！

　　醫生毫不猶豫為病人承擔了一切，讓病人得到了最好的治療，使其很快康復。

　　另外一個故事：有一個女孩，她正走在街頭上時，被一個抱孩子的婦人叫住，那婦人說要去買點東西，一會就回來，讓她抱一會孩子，可婦人卻再也沒有回來。

　　孩子抱回家後，她才發現孩子健康似乎有問題，到醫院檢查後，醫生說：孩子是先天性心臟病，手術費要五萬塊。

　　她在想，該怎樣度過難關呢？是不是該放棄我的堅持呢？該去哪裡為撿來的小女孩湊到五萬塊的手術費呢？她找不到答案，除了這樣漫無目的地行走，她不知道怎樣解決這些棘手的問題。

　　第二天，她去找她的好朋友傾訴，或許她能幫她出個主意。

　　她到朋友那裡的時候，朋友正在幫一位老人畫畫像，這是一個很奇怪的老人，看上去和乞丐差不多，滿臉的皺紋、汙垢，讓人不敢看第二眼。女孩想：為什麼貧窮總是這樣折磨人的夢想！既然手中的錢還不足以讓孩子做手術，那我想辦法先解決這個老人的吃飯問題吧！

　　就這樣，善良的女孩把手伸進了自己的口袋，緊緊攥住了口袋裡剛發的那點可憐的薪水，猶豫了一下，她把薪資袋遞給這個老人。做完這件事之後，她甚至覺得自己有點偉大！雖然沒有足夠的錢讓孩子做手術，但自己可以把孩子交給相關部門。

　　她沒有想到的是，第二天，她的朋友跑來告訴她，說她出運了。朋友說：「昨天那個老人其實是個億萬富翁，昨天他只是想知道自己如果是乞丐會是什麼樣子，原本老人只是想體驗生活，沒想到卻碰到妳了，於是他決定栽培妳，因為他認為妳是善良且具有同情心的人。他說，孩子他會收養，同時邀請妳到他的公司工作。」

　　善良是女人最基本的品德，就是這最平常的東西，卻經常可以打開一扇通往幸福的門。山村女教師和可愛的女孩是幸運

的，雖然這個故事有著一定的偶然性，但從中依然可以看見善良的力量。女人用善良譜寫了人間的讚歌，也因為善良而受益無窮。

善良的女人即使外表不漂亮、不引人注目，但她的一舉一動卻顯示出內心的豐富與深厚。

善良的女人還會有很好的涵養，絕不會斜眼看人，也不會在大庭廣眾之下指手畫腳，哪怕妳踩到她的腳尖，她也只是輕輕一笑，讓妳覺得她無比美麗動人。

善良的女人是一本書，翻盡所有的智慧，把快樂帶給妳。

善良的女人是一張紙，寫下所有的煩惱，把快樂留給妳。

如果有天，醫生對妳說，妳的生命只剩 3 天，妳會在這 3 天裡做什麼？

自私的女人說：「我會去享受生活，花光所有的錢，好好打扮自己。」

小資的女人說：「我會好好旅遊，去看看海，去爬爬山。」

善良的女人這樣說：「我會像什麼也沒發生一樣，好好陪著我的親人走完生命最後的路。」

優秀的女人必須是善良的。之所以把善良看得如此重要，是因為善良是這個世界上最美好的情操，是人類先天存在的唯一崇高的根基，人之初，性本善。有人說善良的女人能像明礬一樣，使世界變得澄清。女人的善良是人類溫情的源泉。

像天使一樣博愛

在古代文化裡，女性是「仁愛」的典型代表，煉石補天、用泥造人將大愛留在人間的女媧娘娘是女性，東南沿海一帶供奉的媽祖是女性，救苦救難的觀音菩薩更是由堂堂男兒化做了女兒身，來解救苦難蒼生。

可是現在許多成功的女人，由於自身的優越感很強，所以對於那些弱者，就不屑一顧，似乎自己是一名勝利者。這樣，在弱者的眼中這樣的女人更多的不是一名女強人，而是一名女惡人了。

這種人情的冷漠其實是一個女人淺薄的表現。人與人之間本來是平等的，只不過個人的能力有大小，就造成了以後個人境遇的不同，因此這在很大程度上帶有一種偶然性。對於聰明的女人來說，她們總是以一種虛懷若谷的態度對待她所接觸的任何人，在她們身上看到的是種種充滿愛心的舉動。她們的一言一行都會受到人們的讚揚和仰慕。

斯普蘭妮女士曾說，女性的內在價值是透過多方面展現出來的。事業僅是價值的一部分，更多的是那種關心弱者的愛心。

任何一個女人，特別是那些為自己的事業和工作而奮鬥的女人，千萬不要因為事業而影響了個人的形象表現價值，不要因為繁重的工作而關閉自己的愛心之窗。那樣的結果，即使妳的穿著打扮再華貴和諧，也不能算是一個有氣質、有韻味的女人。真正的女人是那些善於調整自我，充滿愛心而優雅的女

人。她們在生活的塵囂中總能保持著一顆真摯的愛心，她們是最有魅力的、最成功的女人。

幾年前，大衛遷到了紐約的一個公寓社區居住。此後不久，大衛因病動了手術，在紐約他舉目無親，躺在病床上就更覺寂寞。沒想到，手術後卻意外地收到一張暖人心扉的慰問卡，落款處只簡單地寫了「陽光女士」幾個字，大衛甚是感動，但又覺得很蹊蹺。

沒過幾個月，大衛的妻子得流行性感冒病倒了，這時候，一張，寫滿安慰與鼓勵話語的明信片又不期而至，署名仍是「陽光女士」。

這神祕的「陽光女士」到底是誰呢？疑惑不解的大衛向鄰居打聽，鄰居告訴他：「這是比安卡・露斯切爾德女士。自從她搬到我們社區後，社區裡任何人生病她都會寄上慰問卡。」

大衛深感詫異，也深為感動——社區裡有 300 來戶人家，她能個個記得清楚，長年累月地奉送愛心！

懷著感激之情，大衛和妻子一起登門拜訪了比安卡女士。他問她：「您是怎麼想到要擔起這麼一件了不起的使命的？」

比安卡女士講述了這樣一個故事：「我出生在波蘭，我曾經有一個幸福的大家庭。我的童年不僅沐浴在父母的愛心中，也生活在 40 多位親戚的關懷裡，然而，1939 年，正當我滿懷憧憬等待自己甜美的 16 歲生日晚會時，戰爭爆發了。納粹毀滅了我的家園，把我們統統趕出了家門。就那樣，我的生日晚會沒有了，禮物沒有了，賀卡沒有了，有的只是近在咫尺的死亡。

「我們全家被驅趕到關押猶太人的集中營——其實是等待

殺戮的屠宰場！我先是眼睜睜地看著父親和一個叔叔被折磨至死，接著是我的母親和另外兩位叔叔……到 1945 年，我所有 42 位親人全被殘酷殺害了！

「只有我，被從一個集中營轉到另一個集中營，而我也實在不想苟活下去了。在一次飛機空襲中，我真的盼望被炸死，省得忍受這麼多的痛苦和磨難。可是，遍地橫飛的炸彈偏偏沒有看上我！而且，我竟然能活著看到法西斯的末日，竟然能重新開始自己在燦爛陽光之下的生活！」

說到這裡，她的眼裡閃著淚花。

「這讓我有了一個啟發：上帝讓我歷經劫難而活下來，必定是為了讓我完成某種使命——傳播愛與關心的使命。因為我嘗過漫漫長夜裡缺乏愛的滋味，所以我更知道每一縷陽光的珍貴。

「我的方法是關心我社區中每一個人的疾苦，以『陽光女士』的名義向病痛中的人致以簡短但十分真誠的問候，從中，我也體味到了幸福。」

這是何等震撼人心的話語，這是一顆多麼高尚而充滿愛的心啊！她是一個真正懂得愛的女人，在她的身上閃耀著人性的光輝。

博愛的女人，她會關心自己身邊的親人、朋友，她會同情弱者，會伸出自己的雙手，盡自己的所能去幫助那些需要幫助的人；她會關心環境問題，會擔心生活在環境汙染嚴重地區的小動物；她會為遭遇災難和戰爭的人們祈求平安。

也許她沒有能力去扭轉世間的苦難，也許她沒有能力去拯救戰爭中流離失所的人們。但她用自己的愛溫暖著她周圍的生

命，一點點驅走他們頭頂上的烏雲，讓陽光慢性地擠進每一處陰暗的空間。當一張張曾經沮喪的臉上重新露出歡顏，她會感到無比的滿足與愉悅。

生活中有了愛，寒冷的風雪也會變得溫柔。

生活中有了愛，阻路的荊棘也會低頭讓步。

生活中有了愛，有時連死神也會生出慈愛之心。

在人人為我的時候，做一個像天使一樣博愛的女人吧，世界將會因妳的存在而到處充滿陽光！

妳的形象其實價值百萬

我們都是亞當的後代，但是衣著造成了我們之間的差異。人穿好衣服是有原因的：只要妳穿得體面，狗就不會咬妳，而會對妳敬三分。

張潔是個衣著隨便、不修邊幅的人，還常自詡為「行大事者不拘小節」。

後來，她到一家大公司上班，不得不在衣著上稍微注意一點，但不久又故態復萌。一天，總裁下來檢查工作，一見她痘痘橫生的臉和滿是灰塵的皮鞋，頓時大怒，說：「妳可以不注意自己的形象，但公司必須注意自己的形象。下次再見到妳這副模樣，請妳立即走人。」張潔大丟面子，真想抬腿走人，但她捨不得這份薪水優厚的工作，只好改掉不修邊幅的習慣。

很多人都有和張潔類似的習慣，這使他們喪失了許多機會。個人形象雖然不是成功最本質的因素，但卻直接影響到妳是否會被人接納。如果不被人接納，妳內在涵養再高，也只是徒勞。

一些人認為身體髮膚，受之父母，不能隨意而變，而且老一代的人看到電視中的那些女孩子精靈古怪的衣服都會大聲哀嘆：世風日下啊！也許一部分人是受了上一輩的影響，認為樸素節儉不可花裡胡哨。

外表僅是人的不太重要的一部分，更應該注重自己的人格魅力。人格魅力是修養的外在表現，它直接反映一個人的道德品格、思想情感、性格氣質、學識教養、處世態度等。一個人是否能被別人所接納，與他的人格魅力關係甚大。這包括以下幾個方面：

1. 精神飽滿，神情自然

神采奕奕，精力充沛，顯得富有自信，能激發對方的交往熱情，活躍交往氣氛。萎靡不振，無精打采，敷衍冷漠，則使對方感到興味索然乃至不快。在社交中始終要以極大的熱情關注對方，對他所感興趣的東西感興趣，並隨對方的言談舉止做出自然得體的反應。要別人喜歡自己，自己先喜歡別人，要吸引對方的注意，先要注意對方。

2. 儀表整潔，衣著得體

一個人風度翩翩，俊逸瀟灑，人們往往樂於與之交往。不修邊幅、骯髒、邋遢的人是不會吸引他人太多注意的，即使別

人注意了，也是令人反感的。

3. 談吐幽默，言語高雅

一個不善言談、沉默寡言的人讓人感到憋悶。相反，侃侃而談、反應敏捷的人比較容易得到大家的喜歡。

此外，不背後議論人，講話注意分寸，背後表揚人，多講其優點，當面批評人，指正其缺點。尤其不要油嘴滑舌，不要說粗話。

4. 溫文爾雅，舉止大方

舉止穩重、得體，能正確地表現出一個人良好的教養，讓人留下成熟可信賴之感。只有對自己充滿信心的人，才能在社交中做到自然大方，揮灑自如。

我們能夠做到這些，配上簡約得體的服飾，完全可以給人耳目一新的感覺。比起華麗的服飾，人格魅力無疑更能長久。

也許妳會認為人格魅力更重要。是的，人格魅力固然重要，但這並不代表服飾就不重要，而且對於注重第一印象、把握第一機會的場合來說，服飾不僅能夠反映一個人的內在修養與氣質，也能為順利進入下一關做準備。

上帝在創造了「好人」的同時，也創造了「壞人」，因為世界本來就是好壞共存，世界在好壞共存中才得以平衡。

好人和壞人是同時告別上帝前往地球的。

當時，兩個人的衣衫都很破爛。

臨行前，上帝給壞人一套非常漂亮的衣服：「換上它，你才

能在地球上找到你的立足之地。」

壞人欣然地接過衣服，脫下舊衣服，穿上新衣服後，就一副道貌岸然的樣子了，不仔細辨別，誰也看不出他是壞人。

接著，上帝又遞給好人一套同樣漂亮的衣服。

「我是好人，不用穿那麼好的衣服。」好人說。

「好人也得穿好衣服。」上帝說。

「那樣的話，我豈不是和壞人一樣了嗎？」好人問。

「在地球上，人們都習慣以貌取人，你穿得破破爛爛的，不僅做不了好人，還會被當作瘋子。你如果不信，現在就和壞人一起站到鏡子前，看誰更像好人。」上帝又說。

好人把壞人拉過來，一起站到鏡子前。

壞人因為穿著好衣服，很像一個正人君子，而好人呢？因為衣服很破很髒，反倒更像是壞人了。

於是，好人也穿上了好衣服。

當兩人來到地球上後，兩個人都受到了熱烈的歡迎，因為大家把兩個人都當作好人。

在現代社會中，人人都在推銷自己，形象便是一個人的商標。要讓自己成為「暢銷產品」，就要好好包裝自己，也就是必須擁有自己的黃金形象。

「畢竟再也沒有比人的外表對於人的發展有這樣驚人的影響的了。」列夫·托爾斯泰如是說。

不做男人的紅顏知己

紅顏知己，曾經是一個讓人產生無限遐想的名詞，美麗出眾可稱之紅顏，善解人意才算得上知己。這四個字不知蘊涵了多少美麗的愛情故事，才子佳人的紅袖添香，英雄美女的生死相隨，癡心兒女的兩情相悅……即便無法長相廝守，也是魂牽夢繞；即使愛到心碎，也是無怨無悔；即使無名無分，也是心甘情願。

一個紅顏知己，比花解語，比玉生香，是古往今來男性給予所鍾愛女子的最高稱謂。對於女人而言，她們心底一直都珍藏著一份不食人間煙火的浪漫情愫，能成為心愛男人的紅顏知己，曾經是她們的渴望，她們的榮耀。

新的時代裡，紅顏知己被賦予了新的意涵，成為一種新式男女友誼的代名詞，比友誼多一些，比愛情少一些，在妻子、情人、朋友之外的「第四種感情」。

美麗的謊言

男人和女人之間有沒有純潔的友誼，這個問題曾引起很大的爭論，各執一詞，誰也不能說服誰。沒有純潔的友誼，也許就意味著有不純潔的友誼，於是便產生了「紅顏」、「藍顏」之說，友誼被抹上了幾分曖昧的色彩，紅顏知己也從一個深情款款的戀人變成了一個不食情愛煙火的聖女。

現代有人如此界定紅顏知己：「做紅顏知己最重要的是恪守

界限。適可而止地給他關照，但不給他深情，不讓他感覺妳會愛上他，也不讓他產生愛上妳的衝動與熱情，這是做紅顏知己的技巧……紅顏知己全都是絕頂智慧的女孩，她們心裡最明白：一個女人想要在男人的生命裡永恆，不是做他的母親，就是做他永遠也得不到的紅顏知己，懂他，但就是不屬於他……」

真正絕頂聰慧的女孩子恐怕永遠不會去做這樣的紅顏知己。

聰明的女人生命中不乏各種異性，在親情、愛情之外，她也懂得培養與異性之間的友情，可以約在一起聊聊天，互相傾訴生活中的煩惱事，卻拒絕做別人的「紅顏知己」，她明白，知己是種很危險的關係，就像是懸崖邊的舞蹈，稍微向前一步，就會玩火自焚、粉身碎骨。

不管人們如何為紅顏知己辯護，她的身分始終不尷不尬：她與妻子不同，妻子能夠理直氣壯地擁有整個男人，相依相伴一生；她也與情人不同，男人與情人彼此需要，合則聚不合則分。而紅顏知己，扮演的始終是個編外、替補，她恪守自己的本分，不能相守也不可相伴，在男人需要傾訴而又不好向妻子、情人傾訴的時候，她帶著盈盈的微笑，耐心聆聽，做他煩惱的垃圾桶。她的蘭心慧質，她的溫言軟語，只是他煩惱時的救命稻草，而所有的快樂與幸福，都會與妻子、情人分享，紅顏知己是最了解他的旁觀者，永遠也無法介入他的生活。相對妻子得到的永恆溫馨、情人得到的瞬間燦爛，紅顏知己獲得的只是一份虛無的榮耀。

所以說，所謂的紅顏知己，只不過是男人最美麗的謊言，也是女人對自己最美麗的謊言。

聰明的女人，能夠勇敢地質問男人：憑什麼在有了一個「當你臥病在床與痛苦激戰的時候，拉著你的手慌張無措淚流滿面，怕你痛、怕你死，恨不得替你痛、替你死」的老婆後，還要有一個「理解你，願為你默默分擔，讓你靈魂不再孤寂，令你欣慰」的紅顏知己？情感付出雖然永遠是個不等式，但是不等也是有限度的，女人如果足夠聰明，就不會讓自己的付出沒有任何回報。

想想看，病痛時，他可以當著很多人的面，與自己的老婆上演一齣患難夫妻相濡以沫的悲情好戲，淚裡帶笑，無所顧忌的秀恩愛，而紅顏知己，只能站在一個陰暗的角落，在心底默默地為他祝福，卻不能有自己任何的表示。即使一個關懷的眼光，一句貼心的話語，也要顧忌四面八方投射過來的現實和殘酷。

付出了所有的柔情，女人得到的是什麼，既無法像情人一樣風雨過後在他懷裡撒潑賴皮，也不能像老婆一樣夜裡 10 點過後理直氣壯地催著他回家。

想想看，妳只能適可而止地給他關懷，卻不能給他深情，不能讓他感覺妳會愛上他；妳不能提及妳的牽掛、妳的焦慮、妳的氣惱，永遠不能提；妳也不能無拘無束地陳述自己的故事，將自己的生命和他的生命連接在一起，更無法將自己介入他的命運轉折之中，既不能彼此相愛，也不能真實擁有對方。

完全的無限期的付出，不能求任何回報的奉獻，聰明的女人在 20 幾歲的時候絕不會如此為難自己，把生命裡的一部分交付給一個不相干的男人。明知是個無底洞，還一廂情願地往裡

面跳，這樣的女人是笨女人，這樣的紅顏知己，不做也罷。

有如此的情懷，還不如一心一意地用來經營自己的家庭，收穫實實在在的幸福。

女人，要的是被愛和細心的呵護，切莫為了「紅顏知己」的虛名而貽誤終生。

欣賞「小資」但不能做「小資」

現在有關小資的話題層出不窮，追捧鼓吹者有之，鄙視厭惡者有之，大有「說不盡的小資」之韻味。

時下流行的「小資」一詞實際指的是一種生活情調和生活品味，在這種情調和品味中，滲透著對生活和生命的一種感悟和理解。小資情調最重要的狀態就是浪漫，在小資一群的心底，這種浪漫情趣高於一切現實法則。

小資這種東西是屬於城市的，西方的小資是充滿激情和迷惘以及標新立異的一群，而在東方，小資出現於 1930 年代的上海以及 1960 年代的香港，在張愛玲的小說、王家衛演繹的電影裡，可以感受到濃厚的小資情結。在經歷過十年「文革」的洗禮後，幾乎灰飛煙滅的小資漸漸死灰復燃，又上演出一幕現代傳奇。

小資追求的是生活情調和品味，在服飾打扮、居室布置和音樂閱讀等方面，他們處處標榜著自己的獨樹一幟。他們大多

有一顆多愁善感的心，比較充盈的錢包和舒適健康的生活，還有一個重要的標誌就是常常感到孤獨並善於品味孤獨，心底藏有自戀情結，懂得充分享受個性化的自由滋味。

小資或許還可以稱為小滋、小自、小恣，他們生活滋潤，行為自由，心情恣意，永遠生活在自我的世界裡，從來不需要別人為他們操心。

小資情調

小資大部分是有文化、有修養的人，一般都受過高等教育，受過一些歐美文化的薰染，英文未必很棒，但口頭禪裡一定時常夾帶幾句。而且小資們還得要有不錯的經濟基礎，生活在中產階級邊緣，高於普通民眾，大部分小資有比較穩定的職業和收入來源。他們未必都有車有房，但是要住公寓，出入都得叫計程車。

更重要的是，小資必須得有情調，有獨特的品味、情趣、格調。

在非工作狀態和非正式場合，小資們喜歡穿休閒服，而且是品牌服裝，但很少有人會穿 Adidas 和 NIKE 那樣招搖的大眾名牌。小資們認為，只有貧民才喜歡那樣標榜自己，小資們是有格調的，他們選擇的是一流品牌的二線產品。這不僅是他們的服飾標準，也是他們選擇一切生活用品的通用標準。既要躍升於大眾之上，又儼然與暴富分子劃清界限，限於經濟基礎，又無力追逐超一流品牌。

小資們一般都會有些固定的喜好與習慣，有些人喜歡咖

啡，有些人喜歡雞尾酒，無論是哪一種，他們的喜好通常固執而與眾不同。典型的小資不是對星巴克、酒吧街喜愛到沉迷，就是厭惡到不屑與不齒，都是固執與狂熱的心態，不過是兩個極端而已。

小資們大多比較鍾情於藝術，看 DVD 只看英文原聲的，絕不看中文配音的。資深的小資則只願意談談黑澤明，說說《紅》、《藍》、《黑》三部曲，討論一下法國義大利的藝術片，而不屑談好萊塢。同樣，對暢銷書和大眾藝術他們是不屑一顧的，他們愛談昆德拉的《生命中不能承受之輕》，愛談村上春樹的《挪威的森林》，女小資們則偏愛張愛玲。總之，他們就是喜歡站在主流與大眾的邊緣和角落裡，他們永遠不屑與流行為伍，在流行到來的前夜，他們是著力追捧者，在流行的巔峰到來之時，他們又成為流行的唾棄者。

小資們當然也要為生計奔波，但對生活的艱辛卻表現出優雅和含蓄，他們本質上嚮往穩定的生活，但又經常把自己裝扮成漂泊者和流浪者。

總而言之，所謂的小資情調其實就是一種固執與狂熱，邊緣與非主流，憂鬱與含蓄，並以此來標榜他們的與眾不同。

不做小資女人

小資女人是城市裡的時尚一族，她們衣衫輕飄、暗香浮動、身姿翩躚、風姿綽約，從臉上的妝容、衣飾的搭配到交談的話語，都精緻非凡。

小資女人喜歡坐在咖啡廳裡憂鬱，把哈根達斯當作享受標

準，愛看張愛玲、安妮寶貝，愛去名勝景點旅遊。她們是現實中的女人，斷然不肯為誰付出一點，就怕受傷。

各種高檔奢華的名牌是小資女人的必備行頭，寧願為此省吃儉用，寧願做個「月光女神」，也要講究其檔次和品質。

聰明女人不小資，不願做都市裡的一縷遊魂；

聰明女人不小資，看起來獨立自我，其實心靈異常孤獨；

聰明女人不小資，現實殘酷無情，怎能一味躲在自己的夢裡不願醒。

小資之所以能夠小資，關鍵還是在一個「小」字上，二三十歲時小資理所當然，若是到了四五十歲時還崇尚這樣的生活，恐怕只能稱為「老資」，遭人唾棄了。聰明女人當然也希望能在人生最美好的二十年裡小資一把，可她更清楚，往後還有更長的路要走，未雨綢繆還是很有必要的，何必為了虛無的面子和短暫的歡樂而消耗掉一生的幸福。

情人難當，所以不當

有一個大家都很熟悉的笑話：有個病重的人將要離開人世的時候，他把妻子和情人都叫到了自己的床前。面對傷心哭泣的情人，他拿出了一片枯黃的樹葉，說：「這是我們第一次見面時，飄落在妳肩頭的樹葉，我一直保存著，把它當作我生命中最寶貴的東西，現在我把它送給妳，作為我們愛情的見證。」

然後，他又拿出一張存摺，對身邊的妻子說：「我們爭吵了一輩子，以後也不用再吵了，這個存摺給妳，和孩子們好好生活吧。」

20幾歲的時候，不要去做那個只得到一片枯葉的情人。

婚姻是兩個人的世界

婚姻生活是非血緣關係的人和人之間能達到的最親密的交流方式，男女雙方不僅僅是靈與肉的結合，更是一種全心的付出。男女相識相戀，往往經歷過很長時間的磨合，最後在確信對方是自己想要共度一生的人時，才會從愛情走向婚姻，開始在婚姻的圍城中相依為命，相濡以沫。

婚姻是最好的學校，女人是最好的老師，她能讓一個毛頭小子變成一個頂天立地的男人，而男人卻往往讓一位美麗的少女變成了「黃臉婆」。

如果有一天他覺得寂寞了，厭倦了，在他走出圍城攻打別的城池時，長期以來被妻子訓練出來的對待女人的經驗，他都會自覺不自覺地開始驗證。

他的溫柔體貼、他的成熟穩重，都只能俘獲無知純情少女的心扉，贏得她們的欣賞和傾慕，永遠得不到真正聰明女人的愛情。聰明的女人心知肚明，這個男人不管如何優秀，在他的身上早已被另外一個女人貼上了標籤：「私人所有，生人勿近。」遇上這樣的一個男人，聰明女人只會遠遠地欣賞一下，也會透過這個男人向調教他的女人致以心靈敬禮。

婚姻從來就是兩個人的世界，具有強烈的排外性，因此，

遇上一個有家室的男人，聰明女人只會遺憾，只會哀嘆「恨不相逢早」，但絕不會嘗試著去靠近，她明白，遊戲規則早已注定，自己永遠是那個不受歡迎的人。

識破已婚男人的謊言

在遭遇已婚男人時，聰明女人懂得遠離，保持「安全距離」；在面對已婚男人的追求時，更懂得看穿他們的華麗謊言，看穿他們愛情幌子背後的自私與虛偽。

婚姻生活有一段很難避免的倦怠期，人們常籠統地稱為「七年之癢」，漫長的時光消磨了生活的激情，女人把自己埋進家事和孩子中間，無所事事的男人卻會向外尋求新鮮刺激，也許是為了找一個枯燥無味婚姻的「調味品」，也許是為了嘗試安全節約的「婚外性」，也許……這樣的男人再優秀出眾，聰明的女人也會嗤之以鼻，看也不會看上一眼。她能夠預想到愛上這種人的最後結局，付出真情卻永遠沒有結果，她不過是他生命裡的過客，可以談愛情，卻無法奢求長相廝守。

權衡介入的代價

小女生們往往容易衝動，敢愛敢恨，自認為有無窮的魅力，能夠讓家中的「黃臉婆」一敗塗地。她們信奉一個原則：愛情的力量無法估量，足以驚天地泣鬼神，足以戰勝一切困難。成熟的女人永遠不會這樣頭腦發熱，她會時時權衡事情的得失利弊：如果讓家庭破裂來成全自己的愛情，這樣的愛情有未來嗎？如果他為此而離婚，和自己重組家庭，他的孩子怎麼辦……

　　介入一樁婚姻的代價非常大，聰明女人先就過不了自己這一關。更何況，未來面對的困難會更大。他與妻子也曾經相愛，如今他不愛舊人戀新人，那麼誰能保證他的「曾經」不是自己的「未來」？一旦走進這樣的婚姻，誰能擔保自己不會成為下一個被取代的人呢？須知到手的東西會立時失去價值，不復從前的愛若珍寶。最後的結果大多是歷經千辛萬苦，卻爭到了一個千瘡百孔的債主，他甚至還在沾沾自喜兩個女人為自己爭個你死我活。愛情太短，生活太長，往後那麼長的歲月，有足夠的日子盯著那道傷痕。

　　嫁入家門可能只是戰役的第一站，未來面對的情況更多更複雜，不僅是他和他的孩子，還有他眾多的親友。每次露面都說不定有人在暗中為新人打分，與他的前妻進行對比，就算所有人都承認新人勝舊人，但是這樣的榮耀本身就讓人尷尬。

　　婚姻是豪賭，嫁給誰都有輸有贏，但是嫁給已婚男人卻是一場開始就注定要輸的賭局，因為在開場之前妳就輸了立場、亮了底牌，這樣的賭博，聰明的女人是絕不會參與其中的。

　　沒有將來的承諾是一陣風，沒有忠貞的愛情是一片雲，風花雪月的情懷看似美麗，其實還是虛無縹緲一場空。每一個女人都渴望在萬丈紅塵中找到屬於自己的那一份真情，但是遇上已婚的男人應該立刻躲得遠遠的，因為他或許能給妳很多東西，包括金錢和權力，唯獨不能給的就是愛情。

　　「天涯何處無芳草，何必單戀一枝花？」與其在與已婚男人的糾纏中被傷得遍體鱗傷，還不如拿出那份愛的勇氣來，尋找屬於自己的 Mr. Right。

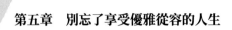

好女人從不抽菸喝酒

　　香菸、美酒是很多人生命裡不可或缺的東西，或者是貪戀著香菸的溫柔，或者是沉醉於美酒的香醇。特別是男人，他們曾把菸酒當作最愛之一，這自然會引起女人們的不滿，掀起一片討伐之聲。

　　同樣的香菸，如果到了女人的手裡，引來的卻是男人更激烈的反對。據調查，有七成的男人反對自己的妻子或女友吸菸，傳統的看法則是「吸菸的女人不是好女人」。可是，不知從什麼時候起，都市女性也開始青睞於用香菸、美酒來裝點生活了。夜色裡，無數靚女嬌娃游走於各個酒吧之中，纖細的手指夾著一根細長的菸捲，另一隻手裡卻是盛著美酒的高腳杯，定格成一幅媚惑的風景。

　　喝酒吸菸有害健康

　　「吸菸有害健康」，每一包香菸都會在最顯眼的地方印上這六個字，和尼古丁的骷髏形象一樣成為家喻戶曉的常識，可是很多人還是如同飛蛾撲火般前仆後繼。有報導說歐盟已經通過法令，要在菸體上用三分之一的地方標識「吸菸致命」，代替有害健康的輕描淡寫，以求危言聳聽，達到警世通言之效。

　　由於需要孕育後代，女性吸菸的危害比男性更為嚴重，也就是說，吸菸傷害男性的方面，全都適用於女性，除此之外，吸菸還額外帶給女性更多傷害：

- 吸菸會對下一代的呼吸道產生不利的影響；

- 吸菸女性發生子宮外孕的危險比不吸菸者高 40%；
- 吸菸女性比不吸菸女性患不孕症的可能高 2.7 倍，患子宮頸癌的幾率高 50%；
- 吸菸 20 年以上的女人患乳腺癌的危險增加 30%；
- **吸菸會讓女性提前衰老**：嘴唇和眼角過早地出現皺紋，牙齒發黃，皮膚粗糙，失去富有彈性豐潤的外表，甚至長鬍鬚。
- 吸菸還會讓痛經、骨質脆弱、尿失禁、母乳分泌量減少的可能性大大增加。

調查研究還顯示，孕婦吸菸危害更巨大，其三分之一的嬰兒出生時體重較輕，即使能勉強存活下來，也可能成為智慧低下或痴呆者，孕婦吸菸引起嬰兒失天性缺陷的概率要比一般人大得多。

所有的人都認為，喝酒沒有吸菸那樣損傷健康，但千萬不要麻痺大意，酒也是把雙刃劍，亦藥亦毒。對女性來說，適量的酒也許有保健美容的功效，像紅酒和低度果酒等等，有的烈性酒在特殊情況下還具有舒筋活血和驅寒作用。可是，一旦過量也會傷肝傷腎。

雖然提倡可以喝適量的酒，但是除非是獨自品嘗，在人多的場合，只要端起杯子，難免會被人強迫著喝下去一杯又一杯，不把人灌到酩酊大醉似乎不會罷手。

吸菸傷肺，喝酒傷胃，20 幾歲的時候，女人應該把自己的身體健康放在第一位，健康生活拒絕香菸美酒。

拒絕寂寞

明明知道香菸和酒對人體健康有害，可是為什麼還有那麼多的人沉迷其中，寧願不要健康，也堅決不戒菸酒？

其實說到底，女人吸菸喝酒，都是一種精神上的依賴，心情煩悶的時候，壓力過重的時候，正好可以借菸消怨、借酒澆愁，煙霧彌漫時的片刻恍惚，酒精入喉時的剎那灼熱，讓她們遺忘了一切的煩惱、痛苦、焦慮。其實借菸消怨怨更濃，舉杯澆愁愁更深，煙散了，酒醒了，生活依然還要繼續，問題依然橫亙在那裡。

女人抽菸時可以優雅成一首詩，女人喝酒時可以溫柔如一幅畫，但是人們都有意忽略了最重要的背景，那就是抽菸喝酒背後所隱藏的寂寞，其實，詩是斷腸詩，畫是泣血畫。沒有傷感與落寞，沒有孤獨與憂傷，女人從來不會在菸酒中尋求解脫與寄託，欣賞優雅的菸酒美女圖的人，其實欣賞的是女人身上流露出來的那種淒美，混合著放縱與自虐的痛楚。

點的是菸，燃燒的卻是生命，是最美好的青春歲月……

喝的是酒，吞下去的卻是苦澀的淚水，留下的是永遠難以癒合的心靈傷痕……

乾淨清爽的女人香

「聞香識女人」，每一個女人都有自己專屬的味道，就如同每個人都有獨特的指紋那樣，這裡的香並不完全是指香水的味道，「香汗淋漓」，很多女人身體自然就會分泌出一種獨特的體香。

　　香味對人的生活非常重要，如果一個女人天生有一股乾淨清爽的體香，很容易讓周圍的人愉情悅性，讓人樂於接近；而如果體味不好，會讓人難以接近甚至遭到排斥。生活中有很多人因體味不好而陷入尷尬，正與人近距離交談時，忽然聞到飄過來的一些難聞的氣味；與親密愛人接吻時，忽然嗅到對方難聞的口氣……

　　飲食習慣學說認為，人的體香和飲食習慣密切相關，經常吸菸、喝酒的人，容易產生蛋白質與油脂的分解物，透過毛孔滲出體表，產生或加重體味。如今的社會相當注重社交，講究形象，20幾歲的女人不僅要注重服飾、妝容等視覺形象，還要注重氣味，氣味也是一種形象，較之視覺形象，氣味形象的品味更高，要求更嚴格。

　　20幾歲的時候，遠離菸酒，保持自身乾淨清爽的體香。

官網

國家圖書館出版品預行編目資料

二十幾歲的「鬱」女：66項給奔三女性的建議，再不懂得投資自己，就等著被社會遺棄！ / 何珮瑜，姚娟 著 -- 第一版 . -- 臺北市：崧燁文化事業有限公司 , 2023.02
面；　公分
POD 版
ISBN 978-626-357-028-3(平裝)
1.CST: 自我肯定 2.CST: 自我實現 3.CST: 女性
177.2　　111020924

二十幾歲的「鬱」女：66 項給奔三女性的建議，再不懂得投資自己，就等著被社會遺棄！

臉書

作　　者：何珮瑜，姚娟
發 行 人：黃振庭
出 版 者：崧燁文化事業有限公司
發 行 者：崧燁文化事業有限公司
E-mail：sonbookservice@gmail.com
粉 絲 頁：https://www.facebook.com/sonbookss/
網　　址：https://sonbook.net/
地　　址：台北市中正區重慶南路一段六十一號八樓 815 室
Rm. 815, 8F., No.61, Sec. 1, Chongqing S. Rd., Zhongzheng Dist., Taipei City 100, Taiwan
電　　話：(02)2370-3310　　傳　　真：(02) 2388-1990
印　　刷：京峯彩色印刷有限公司（京峰數位）
律師顧問：廣華律師事務所 張珮琦律師

-版權聲明

本書版權為作者所有授權崧博出版事業有限公司獨家發行電子書及繁體書繁體字版。若有其他相關權利及授權需求請與本公司聯繫。
未經書面許可，不可複製、發行。

定　　價：350 元
發行日期：2023 年 02 月第一版
◎本書以 POD 印製